顽皮的孩子是

Parenting the Ephraim's Child

【美】狄波拉·塔尔梅奇 杰米·塞勒 著
Deborah Talmadge Jaime Theler

张蔷蔷 林笠 译

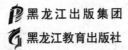
黑龙江出版集团
黑龙江教育出版社

版权登记号：08-2015-000

图书在版编目（CIP）数据

顽皮的孩子是天才 /（美）塔尔梅奇（Talmadge, D.）
（美）塞勒（Theler, J.）著；张蔷蔷，林笠译.
-- 哈尔滨：黑龙江教育出版社，2015.10
ISBN 978-7-5316-8472-5

Ⅰ.①顽… Ⅱ.①塔… ②塞… ③张… ④林… Ⅲ.①家庭教育
Ⅳ.①G78

中国版本图书馆CIP数据核字(2015)第260530号

PARENTING THE EPHRAIM'S CHILD: CHARACTERISTICS, CAPABILITIES, AND
CHALLENGES OF CHILDREN WHO ARE INTENSIVELY MORE

顽皮的孩子是天才
WANPI DE HAIZI SHI TIANCAI

作　　者	〔美〕狄波拉·塔尔梅奇（Deborah Talmadge）　杰米·塞勒（Jaime Theler）著
译　　者	张蔷蔷　林　笠 译
选题策划	王春晨
责任编辑	宋舒白　王春晨
装帧设计	Amber Design 琥珀视觉
责任校对	徐秀梅

出版发行	黑龙江教育出版社（哈尔滨市南岗区花园街158号）
印　　刷	三河市兴国印务有限公司
新浪微博	http://weibo.com/longjiaoshe
公众微信	heilongjiangjiaoyu
天 猫 店	https://hljjycbsts.tmall.com
E－mail	heilongjiangjiaoyu@126.com
电　　话	010—64187564

开　　本	700×1000　1/16
印　　张	14.75
字　　数	214千
版　　次	2016年1月第1版
印　　次	2019年12月第3次印刷
书　　号	ISBN 978-7-5316-8472-5
定　　价	30.00元

序 1

——杰米·瑟勒（Jaime Theler）

我对亲子关系的认识始于一个父亲节，那一天我的长子出生了，恰巧就在圣餐聚会讲演的数小时后。他是个非常机灵的婴儿，爱观察，爱和人在一起。他的温顺总是让我和我的丈夫惊讶，不过，他并不怎么爱睡觉。从出生第一天开始，他的睡眠就明显少于一般的婴儿。他也不怎么打盹，到两岁半的时候，就已经完全不打盹了。

当我们的儿子开始爬行的时候（时间相当晚），就像蝴蝶破茧一样，他展示出了一种崭新的个性。此时的他，非常活泼爱动，想亲近一切事物，无论何时都试图用他的大嗓音让我们知道他想要什么。在他身上，我们之前所熟知的温顺不见了。到一岁的时候，他走路、说话和解决问题的方式都超出了我们之前的预想。他关注着每一件事物，能听懂大人的谈话，并且非常轻松地学会了数字、颜色和字母。这个聪明活泼的孩子给我们带来了惊喜。但是，他紧张的情绪、波动的心情以及对每件琐事的关注程度，也多次让我们惊慌失措。

后来，我们又有了第二个孩子。他的睡眠要比他哥哥的多，但是从第一周开始，他就显现出了新生儿中少有的强烈个性。在吃东西的问题上，他小小的人儿表现出了惊人的决心。他拒绝哺乳，而我又决意要尽最大的努力让我心爱的孩子吃母乳，于是我咨询当地的专家，阅览群书，服用草药，甚至尝试采用排除饮食法，来验证造成该问题的原因是不是我吃的某种食物。我一遍又一遍，试图亲自哺乳，然而他毫不妥协，直到我筋疲力尽，满脸泪水。每场喂奶战斗的结局都是我放弃母乳喂养，喂给他一瓶配方奶，而他开心地一饮而尽。

我也尝试过将母乳挤到特殊的瓶子里来喂他，以免问题的起因是传输系统而非母乳本身。足足一个月的斗争，儿子的坏脾气并没有太多的改变。于是，我们下决心彻底改喂配方奶。之后，我们的儿子发生了可喜的变化！原来他更喜欢配方奶。我们猜想他就是不喜欢母乳的特殊味道（这个想法得到了验证，因为他长大后成了我见过的最挑剔的食客）。在这两个月里，我发现一个七磅重的婴儿就能打败我的意志，于是我开始担忧了。

我总以为我能够成为一名称职的家长，因为我是一个有耐心、善解人意并且自信的成人。我相信随着时间的推移，通过我的不懈练习和虔诚祷告，可以成为一名称职的家长。我以为要明确怎么做并不难，但我的两个孩子给了我不同的观点。

也许是每一次由管教导致的大辩论引发了我的担忧。我认为，孩子们对看似无关紧要之事的歇斯底里和狂躁不安——比如我们晚餐用什么样的盘子——加重了我的恐慌。而且，我的孩子们从来不听从我的教导，这也让我非常担心。我让很多人看过我的孩子，他们都会同情地对我说，"你有大麻烦了。"我开始发觉，他们说得很对。

有些人可能认为，过度纵容是导致我们问题的原因。毕竟，假如你自己都不强制执行你的规则和规定，你又怎么能指望你的孩子遵守呢？但是，我们确实已经做到严格执行了。我总觉得自己像是这个街区最严厉的母亲，而我的丈夫要比我更加严厉，他是一名中学老师兼行政人员。然而，正因为他没法每天照顾这些孩子，他比我更加迷惑、失意和沮丧。我们到底做错了什么？

我的确是该好好想想，该如何管教自己年幼的孩子了。我需要开发一些有效的方法，因为我觉得我现在做的事儿并没有起到什么作用。我好不容易承认了我的孩子比许多我见过或认识的孩子都难以管教，这是我迈出的一大步。其实，我早清楚这个事实，但是我害怕这只是自己怯懦的借口。最重要的是，我认定了我的孩子，并且我想要更好地去教导他们。

于是，我的母亲开始了寻找，想找到一些最好的方式来管教我的孩子。我们一起翻阅了可以找到的所有看似相关的书籍。我们注意到一种孩子类型：困难儿童、挑战性儿童、固执儿童、高需求儿童（以及其他名字），都是对这一类孩子的描述。显而易见的是，我并不是唯一一个为此担忧并且承受挑战的家长。我们翻阅的许多书都在探讨这类孩子喜怒无常的特性，正是这些特性使得这类孩子变得难以管教。不同的作者提出了各种各样但都大同小异的解决方法。于是，我们开始整理那些对我们有用的建议。

我们的第一个目标是，理解我们的孩子。其次，我们想要知道如何和每个孩子打交道，这样可以尽量避免在抚育他们的时候经受挫折、产生愤怒。最后，我们想要透过这些困难，看到他们身上的优势，从而帮助他们发挥自己的优势。我们求助于先知和传道者的经典著作和名言，尝试去理解为什么这些精神能够流传到这个时代。显而易见，上帝认为，无论他为每个孩子铺设了什么道路，我们为人父母的都可以培养他们为此做好准备。只是我还不知道我应该怎么做才能完成为人母这个任务，对我来说，每天的日子就像一场艰苦卓绝的战役，还没到晚上孩子们上床睡觉，我早早地就筋疲力尽了。

我和母亲知道，其他的家长也可能会从我们收集的信息和想法中受益，因为一定还有其他的开明家长也在进行着相似的努力。针对如何成为顽皮宝贝的优秀父母，我们搜寻了大量的研究，看过大量的祷告后，汇总成了本书。本书中多处显现出的惊人洞察力并非我们原创，而是我们对心理学家、教师、教育家和学者的聪明才智的一个整合，力求展现一个自由民主家长的观点。这本书献给那些正处于疲惫抓狂的状态中，想要理解和培养自己的顽皮宝贝们，而且想要享受整个过程的家长们。

序 2

——狄波拉·塔尔梅奇（Deborah Talmadge），杰米的母亲

通过打电话，我听过一些我女儿和她孩子之间发生意愿冲突的有趣故事，但是当我在某一年的圣诞节去女儿家暂住一周，亲眼看到这一切后，我才发觉，满怀同情地听故事与实实在在生活在其中是截然不同的。有一天，杰米崩溃得快要哭了，掐住她的孩子，当时的她深陷痛苦的情绪之中，不堪重负，已经完全失控了，根本不知道自己在做什么。这个两岁半的孩子几乎是歇斯底里了，愤怒又沮丧。他已经尖叫和哭喊了15分钟，为晚餐要吃什么而难过。

他想要吃热狗，于是杰米给他拿了过来。但是拿过来后，他又不想吃了，于是杰米要把热狗拿走。他又尖叫道："不，别拿走！"

"要吃吗？"

"不要！"

"那我拿开。"

"不要！"

"想清楚。"

"我不要！"

一而再，再而三，战争就这样开始了。孩子对每一样事都能尖叫和哭泣，一会儿要一会儿又不要。他的母亲想要冷静下来，也想理解他，但这个孩子拒绝和解，也拒绝喂食，他的母亲因此感到深深的沮丧。她以前也听说过喂养新生儿会

很累人，但是却从未想到会因为一根热狗而引发"第三次世界大战"。

这样的事已经过去几天了；一件独立的事演化成两件，然后是三件，进而迅速升级成一整天的折磨，最后变成了漫长又艰辛的三天。这个孩子都快成了难以相处的外星生物。他困惑又沮丧的父母想要解决这个新问题，但是无论她做什么都无法平息这场风暴。

我感到有心无力，我怕我的帮助会让情况变得雪上加霜。我的外孙不需要任何人告诉他要做什么，而我的女儿也不需要我来告诉她怎么做，于是，我只能求助于祷告。百翰·杨（Brigham Young）的一句话突然在我脑中响起："顽皮孩子是野蛮的，缺乏教养，不守规矩，也难以管制。他们的精神就如同激流一般动荡不安。"①

我开始发觉我的外孙就是一个顽皮宝贝，后来，几乎花了两年时间才让我女儿也认识到这一点。百翰·杨针对顽皮宝贝们还说过其他的话："没有什么困难能击败这些人……""没有什么困难是这些人无法面对和克服的。"②

于是，我倾听了我女儿、女婿和孩子之间的抗争史，为这种情况导致的目前结果而感到担忧。我彻底理解了杰米的不知所措。我的外孙发音明亮清晰；他的交流能力远远超过其两岁半的年龄水平。他记忆力惊人，能够理解4岁或5岁孩子才能理解的概念。但是，他的这种失控情绪前所未有，超出了正常的"两岁淘气儿童"的行为，为此我们都很担心。

然而，那一天，我的心里不仅仅只有担心。我觉得自己看到了这类挑战成人极限的孩子的存在。因为我每时每刻都能看到这些孩子——在教堂、商店、公园、学校……这些孩子明显和处在那个年龄时的我自己不一样，但是他们之间又非常类似。我称他们这类孩子为"顽皮宝贝"。

---

① 《证道录》（*Journal of Discourses*），第10卷，第188页。
② 同上。

第一章

为什么写作本书？

Parenting
the
Ephraim's
Child

顽皮的孩子是天才

当你的孩子因为外出要离开房间而闹腾时，你该怎么办？当你的孩子逻辑严明、义正词严地挑战你时，你又该怎么办？常规的育儿书籍中从未提及过这些。

在女儿家的某一个早晨，我下楼早，发现杰米在浏览一本育儿书，那是她婆婆在圣诞节的时候送给他俩的。我也曾送过她一本——这个家族的每个人都知道她有两个难伺候的孩子。

我待在她家的最后几天里，她看完了之前的两本书，在我走的时候，她又开始看第三本了。她对这两本书的评价是："这书不是在讨论我的孩子。书中描述的一点也不像我的孩子。如果我像书里说的那样做，我会陷入和孩子日复一日的讨价还价和谈判里，这些方法对我的孩子来说并不管用！"

在这次重要的拜访过后，我们开始寻找一切可能对我们有用的育儿书。然而，找到的很多资料都被我们排除了。就仅仅因为你打开了汽车的门锁，但是孩子却想自己打开，为此尖叫30分钟，你真的能对这种坏脾气视而不见吗？这些书从未提到过，如果你的孩子因为外出要离开房间而闹腾，你该怎么做。（你会换个时间带孩子外出吗？）书中说，优秀的父母会坚定并且冷静地对孩子说"不要这样"，并用一个清晰的理由给他解释，但如果这么做的结果反而导致10分钟的争吵，最后闹得两个人都不开心的话，那么，父母应该怎么办？即使你花费1个小时反反复复把他放回自己的床上，甚至恳求、威胁、勒令以及打屁股都用上了，而孩子就是不肯待在自己的床上，你该怎么办？当你的孩子义正词严地挑战你，有时候甚至逻辑严明以至于你不得不停下来思考他的话，你又该怎么办？

在穷尽常规的育儿资料后，我们开始查阅专门针对富有挑战性孩子的资料。这些书主要针对"困难儿童""固执儿童""高要求儿童"或者"问题儿童"。尽管这些书的确解决了一些困扰我们的问题，但还是会有些地方不适合我的孩子。是的，他有时候很棘手，但是，有时候，又并非如此，而是欢声笑语。毫无

疑问，他是个固执的孩子，但是这并不等于他每天的斗争就是为了反抗和挑战你的权威——这种固执只是他个性的一部分。然而，我们没有发现任何有关"偶尔的困难儿童""乐于争辩的儿童"或者是"在意每件事情的儿童"的书籍。

于是，我们缩小了书籍搜寻的范围，只搜集那些描述和我们熟知的小宝贝极其类似的孩子的书籍。孩子承载着我们家庭的爱，但是我们偶尔也想把他关进小房间10分钟来获得片刻安宁。这些书往往会用这样的字眼，例如"活泼机警的儿童"和"精力旺盛的儿童"。我们惊喜地发现，我们并不孤单。我们的这个孩子的确是与众不同、难以管教——承认这些意义重大，同时也让我们心情有所舒缓。知道其他家长也有类似情况，了解他们的经验，这真让人感觉曙光来临，精神振奋。

玛丽·西迪·柯尔辛卡（Mary Sheedy Kurcinka）在《抚养精力旺盛儿童》（*Raising the Spirited Child*）一书中表明：根据个性研究，10%~15%的美国儿童都符合这类孩子①的描述。你并不孤单，你的孩子也并不孤单，现在还有好多这样的孩子。

一旦我们放下"这些孩子的确非常难管教"的恐惧，我们就能够从这种困境中挣脱出来。我们开始意识到，从图书馆或者书店的大多数育儿类书籍中，是找不到解决办法的。我们目睹了无数场母子斗争，她们尝试着用传统智慧去对付一个活泼、多动、情绪化的孩子，但是所有努力最后都付之东流。我们看到了那些孩子父母脸上的沮丧，目睹了当这种生活小戏剧发生时周围观望的人们脸上的不悦（或者不赞同）。当所有屡试不爽的方法就是不管用时，我们又该怎么办？

在搜索了这些由心理学家、教师、教育家和学者写的书，仍然一无所获之后，我们想起了《新约》的《雅各书》（*James*）中上帝的许诺。《雅各书》的第

---

① 《抚养精力旺盛儿童》（*Raising the Spirited Child*），玛丽·西迪·柯尔辛卡（Mary Sheedy Kurcinka）编，第13页。

1章第5节中写道："你们中间若有缺少智慧的，应当求那厚赐与众人，也不斥责人的神，主就必赐给他。"[①]我们发觉自己确实缺少智慧。从那时起，我们开始扩大书籍的搜索范围，开始搜寻经文、现代先知的著作以及非宗教的其他资源。

我们很快就意识到，这些与众不同的孩子，这些拥有卓越精神的孩子，这些上帝赐给他们天赋的孩子，都是最厉害的孩子。在斯潘塞·W.金布尔（Spencer W. Kimball）的《信仰先于奇迹》（*Faith Precedes the Miracle*）一书中，谈到了婴儿和军队。他引用了F.M.贝尔拉姆（F.M.Bareham）的话——人类总在思考着如何利用战争来使自己在这个世界上与众不同，同样，上天送来的婴儿们也期望做出点什么事儿来让自己与众不同。他的例证是，1809年，当全世界都在等待着拿破仑（Napoleon）和战争的消息时，有位名叫约瑟·斯密斯（Joseph Smith）的小孩子也存在于世界的某个角落。[②]当时只有14岁的年轻的约瑟改变世界的深远程度，远远超过了一支军队。我们非常能理解这个改变的重要性。

这些"小家伙"的精神将会"挫败智者"，"变成一个强大的民族"以及"用他们精神的力量鞭策子民"。[③]这是上帝的军队，那么他们具有如此强的意志力又有什么可惊讶的呢？"没有什么艰难险阻能让（他们）气馁；他们将洞察这最深处的一切，克服几乎不可逾越的困难。"[④]

休·B.布朗（Hugh B. Brown）告诉我们，这些孩子是上天送给我们教养的天使，我们不能推卸教导他们的责任。[⑤]我们的责任很重大，也非常富有挑战。你要怎么做才能将矛盾、固执、任性和刚愎自用的性格改变成坚定不移的品质？有没有可能把一个固执的孩子转变成坚定不移的人？这个问题的答案是"可以"。这是有可能的。就像许多年前尼腓（Nephi）写的那样："我知道上帝没有给人

---

① 《雅各书》（*James*），第1章，第5节。
② 《信仰先于奇迹》（*Faith Precedes the Miracle*），斯潘塞·W.金布尔（Spencer W. Kimball），第323页。
③ 《教义与圣约》，第133章，第58节，第59节。
④ 《证道录》，第10卷，第188页。
⑤ 《富足的生命》（*The Abundant Life*），休·B.布朗（Hugh B. Brown）编，第203页。

类之子任何诫命，但他为我们安排了完成他诫训的方式。"①尼腓所言对我们也适用。对此，我们可以拥有绝对信仰。

我们知道自己面临着种种挑战，这个挑战是我们所有人的：母亲、父亲、祖父母、邻居和教师的。"他们也应该教他们的孩子去祈祷，在上帝面前正直地走下去。"②但是，当传统的方法和古人的智慧都不起作用的时候，我们该如何教育这些上天送到我们身边的顽皮宝贝呢？现有的这些书不能帮助我们理解，为什么这些孩子现在降临到俗世间？为什么到现在才让数以百万的"困难儿童"降临？我们该如何去教导他们，使他们能够做好准备完成将来生活托付给他们的责任？

这些孩子心灵方面的问题需要被解决。我们决定靠自己去处理这些问题。我们开始搜寻解决方案，然后开始了这本书的写作。我们浏览了大量的育儿书、经文、先知和门徒的著作，还参照了其他人的很多经验。

我们的目标是帮助所有人完成上天交予我们的抚养任务，让他们日后成为一支本领过硬的"军队"。我们希望能帮助读者鉴定、理解和教导顽皮宝贝们，并一起享受这个过程。

---

① 《尼腓一书》（*1 Nephi*），第3章，第7节。
② 《教义与圣约》，第68章，第28节。

第二章

顽皮宝贝是什么样的？

顽皮的孩子是天才

一匹精力旺盛的马在年幼时可能难以驯服，但是也会常常因为这个闪光点而更讨人欢心。顽皮宝贝也是如此。

名字是什么？

　　名字就是语言符号：宣告存在，表明头衔，表达个性；有时候，名字就是掌权者的王位，甚至是荣耀者的皇冠。《圣经》里的人名一般都是对他们身上这种权力或者荣耀的描述。他们利用自己的名字来彰显地位，记录生命中的重要事件，表达自己的希冀，甚至代表被预言了的命运……在现代的使用中，名字是区别事物和人的便利标签。但在古代，莎士比亚式的问题"名字是什么"则会被非常严肃地对待。一个人的自我被表达和包含在他的名字中。[①]

　　为什么我们要给这些孩子添加其他的名字，为他们贴上标签？事实上，你正在阅读这本书，这就表明你可能有一个孩子，他被叫作活泼儿童、困难儿童、强意志力儿童、固执儿童或者问题儿童。这一章将会解释为什么我们会选择一个不同的名字——顽皮宝贝——而不是其他已有的标签。让我们看看这些已有的名字标签，谈谈不使用它们的原因。

问题/困难儿童

　　当你给某些孩子贴上问题或者困难的标签时，这就很可能成为一个自我实现的预言。本质上，这些名字是消极的，它们只关注于教导这些拥有特殊精神的孩子时面临的挑战，完全忽视了这些孩子身上的积极力量。

---

　　① 《摩门经》（*Mormon*）的教义评论，约瑟·菲尔丁·马克康可（Joseph Fielding McConkie），罗伯特·L.米利特（Robert L. Millet）编，第3卷，第142页。

顽固儿童

詹姆斯·多布森（James Dobson）博士于1978年引入了"顽固儿童"这个术语，成为首次引入该术语的儿童心理学家。[①]他和其他心理学家注意到，挑战性行为的儿童数量正在增加。多布森博士推测，这些挑战性行为是这些儿童顽固天性的结果。

术语"顽固"，多用来形容一个孩子固执好辩、目中无人。他们有时候会很难沟通、情绪沮丧、令人恼怒、大声吵闹、自以为是或固执己见。但是，他们也有机智诙谐、滑稽有趣、富有爱心、富有创造力、富于洞察力、欢快愉悦、心情激动和逗人开心的一面。和他们相处，你会在笑声和眼泪的两个极端间不断摇摆。

"顽皮宝贝"这个名字，也是意在关注孩子性格中的不良方面。当你称自己的孩子为"顽固儿童"时，你和他都可能会因此想到一些负面特征，比如固执己见和目中无人的行为以及你们之间的权力斗争。如果我们命名某个孩子为"顽固儿童"，那么他很有可能就会成为这样的孩子。这个名字无法让我们想到孩子身上精彩美好和令人愉悦的个性品质。

活泼机警儿童

我们调查的下一个名字是"活泼机警儿童"。琳达·S.巴德（Linda S. Budd）博士，一个专注于儿童及其父母的职业心理学家，多年致力于帮助前来求助的父母，她创造了这个名字。她写道："通过和这些家庭合作，这类儿童的形象慢慢浮现，他们是一群无法被纳入'正常'范围的孩子，他们溜出了'专家'所认知的儿童抚养框架，这类孩子精力更充沛，思维更富创造性，情绪更加热烈——总

---

① 《顽固儿童》（*The Strong-Willed Child*），詹姆斯·多布森（James Dobson）编。

之是什么都更富有的一类孩子。"[1]

巴德博士讨论了这类孩子的11种不同性格。然而，"活泼机警"这个名字仅仅涉及了其中的两个特征：活跃和机警，其他被发现的9种特征呢？而且，尽管这些孩子中的大多数都非常活跃，但并不是每一个人都那么精力充沛。同时，这个名字也不能指出这些强壮儿童的心灵问题。

精力旺盛儿童

我们尝试的下一个名字是"精力旺盛儿童"。这是个更加正面的标签。当你想到某个人精力旺盛，你就会想到热情积极、生机勃勃以及精力充沛。一匹精力旺盛的马在年幼时可能难以驯服，但是也会常常因为这个闪光点而更讨人欢心。玛丽·西迪·柯尔辛卡的《抚养精力旺盛儿童》一书里有更多关于此类儿童的信息。这个名字更加令人舒服，但是也够讽刺的，因为这个"精力旺盛儿童"的标签并没有任何的心灵落脚点。

顽皮宝贝

我们想取一个更富有深意的名字。我们希望这个名字不仅仅能形容孩子的一些个性特点，而且能让我们想到上天赐予这些孩子的希冀。我们希望"顽皮宝贝"这个名字将会提醒你孩子的预言价值，提醒你他们在扮演上天所赐予的角色。不仅如此，这类孩子要完成自己的使命所需的能力正是取决于那些让你疯狂的个性，和顽皮宝贝在一起的生活就像是一连串的战争。这样的战争涉及生活的方方面面，从穿衣吃饭到简单的离开家，到理解"顺从"这种基本概念。在这场战争中，是否获胜常常取决于谁是那个时刻最固执的人——父母还是孩子。最令人惊讶的是，有时候甚至孩子还没吹响战争号角，他的家人就已经草木皆兵了。

---

[1]《与活泼机警儿童一起生活》（*Living with the Active Alert Child*），琳达·S.巴德（Linda S. Budd）编，第6页。

一位年轻的妈妈和她的家人在圣礼上坐我前面。很快我就忽视了讲道台，被妈妈和小女孩的对话所吸引。妈妈给了孩子一堆书，来让她有事儿做，保持安静。这听起来是个安静的活动，对吗？大错特错！小女孩并没有安分地坐着看书，她每隔30秒就会晃动、爬上爬下、跪下、站起，变换着不同的姿势。她不停地动来动去。

她先是把书放到地上，她的妈妈把她拉起来，重新把书放回座位上。过了一会儿，小女孩又爬上座位跪着看书。她的妈妈让她站着，把座位当作桌子。可是小女孩又把书放在妈妈的腿上，但是她妈妈抱了个婴儿，就又把她的书放回了座位上。女孩嚷着抗议，又想把书放到妈妈的腿上。妈妈用"不，坐下"拒绝了她，试着让女儿在座位上坐好。

孩子挣脱妈妈，跪在地上，大声抗议。她的妈妈拉起她，说道："坐好。"

女孩愤怒地说："不！"她的妈妈边哄怀里睡着的宝宝，边扶起女孩，把她弄到座位上坐好。小女孩用咕噜声大声表示抗议。

妈妈低声说："停下来！"

女孩反过来对妈妈说："你给我停下来！"于是，她的妈妈开始尝试不去理睬她，但是小女孩并不满足。"你给我停下来，妈妈！停下来！"这件事一步步升级，最终的结果就是小女孩被她妈妈带了出去。不一会儿，她妈妈又带着她进来了，看起来疲惫又恼火。第二轮的抗争又开始了。

如果你是顽皮宝贝的父母，你也许并没遇到过以上类似的情况。但实际上，你或许这样想，"老实待在这儿，给我做那件事！"你肯定和孩子经历过许多这种类似的抗争。你可能注意到同龄的其他孩子的行为，你知道了别的孩子能做到这么听话，为什么你的孩子不行呢？要回答这个问题，咱们就从你和顽皮宝贝之间的和谐关系开始说起吧！

日常称呼

和顽皮宝贝的和谐关系是从你自己开始的。你需要每天不断改善自己对孩子的看法。顽皮宝贝是一个包罗万象的好称呼、好标签，但是，在生活中的每一天，你还可以用其他的好称呼。常用的称呼可以是昵称或者表示喜爱的词，如甜心、亲爱的或者小可爱。常用称呼也可以是你和他相处时的称呼——不管这个称呼是你曾大声叫出口的还是只存在于你脑中的，这些称呼就是我们接下来打算强调的内容。

每个人都面临着一系列口头上或者未曾叫出口的称呼。这些称呼影响着我们对自己或者他人的思考、感觉和处事方式，其中也包括对我们的孩子。语言的力量是强大的。你是愿意和敏感的人待在一起，还是和心地柔软的人在一起？"固执"这个词比起"坚决"和"坚持"来说更具有消极色彩。如果我们每天都用消极的名字来称呼孩子，那么当我们自己面对他们时也会感觉很消极，而孩子则会被我们的情绪所影响，也会感受到我们是如何看待他们的。

如何来描述你的顽皮宝贝？在《抚养精力旺盛儿童》一书中，玛丽·西迪·柯尔辛卡提出了一个练习，就是重新给孩子取一个日常用的称呼。她建议你写下所有能想得到的描述孩子让你抓狂的行为的词语，包括最糟糕的词，也包括那些别人用来描述你的孩子的词语，即使这些词让你"怒火中烧又羞愧难当"[①]。列名单时，你要确信自己不是第一个和唯一一个拥有这些糟糕词语的人。顽皮宝贝有时候会唤起我们心中最糟糕的一面。现在请放下书，开始列名单吧！

你列的名单是什么样的？下面是我有一天列的词语名单：好辩的、固执的、顽固的、善变的、要求高的、吵闹的、烦躁的、困难的、难控的、野蛮的、破坏

---

① 《抚养精力旺盛儿童》，玛丽·西迪·科尔辛卡编，第20页。

性的、愤怒的、爆发的、讨厌的、极端的、挑剔的、戏剧性的、自视博学的、好指使人的、喜怒无常的、专横的、抵抗的、注意力不集中的。

这些负面词汇对孩子会产生毁灭性的作用。用讨厌、高需求、固执这些词语来压迫他，这怎么能让一个孩子构建健康的自我呢？其他人对这些词语的反应也是如此。当邻居们认为孩子好辩时，他的妈妈会感觉如何呢？当你事先告诉一个新老师你的孩子很专横时，她又会怎么想？当他们的小弟弟或者小妹妹被评价为爱发牢骚时，你的其他孩子又会怎么想呢？

玛丽建议你把记忆中孩子最美好的画面描述出来——这些记忆是那些你忍不住一直想笑、想一直盯着孩子、感受其在身旁的欢乐时光。在你重写名单时，脑中想着这些美好的画面。如果你仔细想想，你会发现这些词往往反映着孩子某个特点的极端。例如，固执可以改成坚持；过度敏感可以改成心地柔软；野蛮可以改成有活力、热情；好指使人换成有魅力；挑剔换成有选择性。现在，来制定一个和原来消极词语不同的积极词语新名单吧！

现在看看你的新名单。在每天和宝贝相处或者和别人谈到他时，即使在你管教他的时候，也都努力试着使用这些积极的词语吧！你可以通过改变词汇来影响你对孩子的看法。这些新名字会激发新感情。拥有一个热情、有魅力、心地柔软又有毅力的孩子，是不是要比拥有一个野蛮、好指使人、过度敏感又固执的孩子要开心很多呢！新名称同样会帮助别人用全新的眼光来看待孩子。这些新名称会帮助你的孩子更加积极地看待自己。也许现在就让你改变你的日常使用名称很困难，尤其是那些代表了你痛苦日子的名称。但是，也许正是你的孩子最需要尝试和完善的特点最后会成为他的独特之处。

辛西亚·托拜厄斯（Cynthia Tobias），《你无权管我》（*You Can't Make Me*）一书的作者，讲诉了顽皮宝贝最让大人抓狂的一个特征：他们坚强的意志。她说：

意念强大并不一定是不好的特征！我常提醒父母……你们的孩子可能会

改变世界——毕竟，世界不太可能改变他们！你的孩子可能是上帝派来的使者，为了让世界更加美好。拥有一个信念坚定、斗志昂扬、有冒险精神的孩子是多么好的礼物啊！想想过去那些伟大的领袖和改革者——托马斯·杰弗逊（Thomas Jefferson）、玛丽·居里（Marie Curie）、阿尔伯特·爱因斯坦（Albert Einstein）、圣女贞德（Joan of Arc）、托马斯·爱迪生（Thomas Edison）等。这些人中的每一个都在逆境中成长，坚持自我、力排众议。他们不相信自己的理想是无法实现的。[①]

而他们的父母也许从始自终就认为他们是固执并且过分狂热的。

---

① 《你无权管我》（*You Can't Make Me*），辛西亚·托拜厄斯（Cynthia Tobias）编，第11页。

第三章

你家有顽皮宝贝吗？

Parenting

the

Ephraim's

Child

顽皮的孩子是天才

　　你的孩子每天都四处忙个不停吗？你的
孩子有睡觉困难症吗？你的孩子很专横吗？
你的孩子情绪易变吗？如果答案是肯定的，
那你家很可能就有一个顽皮宝贝。

你如何知道你家有一个顽皮宝贝呢？读到这里，有可能你已经在怀疑自己有一个如此特别的孩子了。最好的检验方式就是看看你自己对这份拥有顽皮宝贝的父母所列出的清单有什么本能反应。

如果满足以下这些条件，那么，你可能有一个顽皮宝贝：

- 即将到来的家庭休假，包括外出就餐、游乐园、酒店度假、乘坐飞机或者开车兜风，想到这些会做噩梦。
- 沉默是灾难的伏笔。
- 你的孩子不哭——但他哀号。
- 带孩子去电影院比去健身房更耗费体力。
- 早餐后你就已经筋疲力尽了。
- 你害怕打开手机记忆拨叫功能，因为你知道你的孩子会在早上5:30准时跳下床给他的奶奶打电话。
- 你吩咐孩子做一件事儿要花费5分钟。例如：不要打、撞、踢、推、用头撞或者抓你的小弟弟；不要下床，别掀毯子，别把枕头、玩具或者书扔到你小弟弟的婴儿车里；别爬上梳妆台，别把衣服从衣柜里拉出来，别在床上跳，别踢墙，别开窗，别脱衣服。
- 你把华夫饼干切成一小块一小块给他，但是孩子整个人都崩溃了，因为他想要一整块。
- 在看电视的30分钟时间里，孩子会爬遍房间里的每一件家具——而且是一遍又一遍地爬。

- 其他人看到你都会摇摇头说："你真不容易。"
- 你会在圣诞节收到育儿书。

　　如果你发现自己有类似的一些情况或者全部符合，那你家很可能就有一个顽皮宝贝。如果你仍然不能肯定，下面这些问题会帮助你：

　　1. 你的孩子每天都四处忙个不停吗？

　　2. 你的孩子在做他喜欢的事情时，可不可能会坐很长时间（并非问他是不是经常这样）？

　　3. 你的孩子曾有或者现在有睡觉困难症吗？从婴儿期开始就睡得少，例如不怎么打盹，或者晚上很难一觉睡到大天亮？

　　4. 你的孩子情绪易变吗，是不是脾气不好？

　　5. 你的孩子对一些事情会记忆很长时间吗？

　　6. 你的孩子在某些方面的学习能力是不是很惊人？

　　7. 你的孩子的想象力是不是永不衰竭？他是不是会有源源不断的想法和计划？

　　8. 你的孩子难以接受别人要改变他的行为这件事吗？告诉他"不要这样"会导致他失控大哭或者陷入长久的谈判中吗？

　　9. 你的孩子很专横吗？你是否需要提醒他，你是他的父母？

　　10. 从一项活动变成另一项，你的孩子是不是很难接受？

　　11. 别人和你的孩子相处时，是否会出人意料地没有任何困难？

　　12. 你的孩子是否会一整天都非常情绪化？

性格

　　我们不能用自己的概念来塑造我们的孩子；我们必须接纳他们，用爱滋养他们，因为他们是上帝赐予我们的礼物。[1]

"性格通常指的是孩子某些天生的行为习惯或者先天固有的行为意向。性格反映着孩子的特定走向、兴趣点和社会关系经验。"[2]每个孩子对周围世界的反应都有着巨大的差异，这些差别往往是由性格决定的。性格特点有很多种，而一个孩子总体的性格是由一个一个的特征组成的。

性格通常被认为是与生俱来的。许多人相信孩子的性格在婴儿期就可以看出端倪。并不是你做的什么事情让你的顽皮宝贝越来越难伺候，而只是因为他们的性格使然。当你的孩子表现出让你完全陌生的行为时，你就会想这个孩子是否正常。那么，我告诉你，顽皮宝贝是正常的，只是他们表现特定性格的方式比大多数孩子更加极端而已。

然而，性格是不确定的，会经常变化，它并不是一成不变的。正确引导下，性格可以改变调整。孩子的真实行为是他的天生性格和父母管教的双重结果。作为父母，我们的一个任务就是修正孩子的性格，这是上天赋予我们的义务。你可以帮助你的顽皮宝贝理解他的性格、优势和潜在的缺点。你可以向他强调他性格的优势，帮助他学会更好地表达自己。例如，情绪强烈的孩子经常会高度关注一些细小的事物，但是在你的引导下，这种强烈的情绪可以转化为积极和热情。

每个人固有的性格都有两个方面：反应和情绪。这两点并不是顽皮宝贝的性格与其他孩子不一样的地方，但是，要探究他们的整体性格，这两点就很重要了。反应是指人对新环境的回应；情绪是指一个人的总性情。

面对新状况，人们的原始表现是由基本性格的差异所决定的。一些人会用果断、开放的态度来尝试新事物；而另一些人则会退缩，会在融入这个环境前静静

---

① 《引语》（*Quotationary*），约翰·沃尔夫冈·冯·歌德（Johann Wolfgang von Goethe）编，光盘（CD-ROM）。

② 《养育顽固儿童》（*Parenting the Strong-Willed Child*），雷克斯·福尔曼哲学博士（Ph.D. Rex Foreman），尼古拉斯·朗博士（Ph.D. Nicholas Long），第11页。

观望，判断新形势。这两种情况，顽皮宝贝通通符合。

那些不经考虑就立即跳进新情况的人，他们毫不计划就冒失大跃进的行为往往会令人担心。这些冒冒失失的人可能会无数次出现在医院或者手术室中。而另一些人在面对新情况时总会犹犹豫豫，到最后往往都选择不去参与。无论面对什么新情况，他们可能会哭、踢甚至尖叫。他们观望、观望、再观望，要一次又一次地观察，确定完全安全后才考虑向前迈进。这种小心谨慎的孩子对于父母来说是个巨大的挑战，因为我们的社会更倾向于支持那些毫无畏惧、奋勇向前的人。

许多顽皮宝贝会一直坚持他们对某些事物的厌恶，无论什么时候接触到任何新东西：新食物、新学校、新的小学老师、新衣服或者新活动，他们都会拒绝尝试。认识到这是他们的第一反应而不是他们最终的决定，这一点很重要。这些孩子在接受新事物前要有时间来热身。热身足够的时间后，他们大多会选择尝试一下。在他们做好准备之前，就强迫那些小心谨慎的孩子进入新环境，这就会引发你与他们的战斗。作为父母，面对一个顽强的孩子，你需要发现鼓励和强迫的区别。

我们要讨论的性格的第二个方面是情绪。当人们使用"性格"这个词时，往往就是指一个人的情绪。某些孩子总是高兴、开朗、积极和友好，而另外一些孩子总是严肃、哭泣、抱怨和挑剔。对于父母来说，后者是项巨大的挑战，因为他们总是沉浸在消极情绪中，看到的都是每件事、每个人的缺点。要是有一个小孩子一直在告诉你，你这里那里都做得不对，确实很烦人。

严肃的孩子可能看起来是过度挑剔，但实际上是因为他们善于分析。他们分析局面，分析各种信息碎片来获得理性的全局信息。刚刚结束家庭旅行后，分析能力强的顽皮宝贝会告诉你他不喜欢的地方，而不是表达自己的激动和高兴。他甚至会给出下一次旅行的建议。这种孩子需要学习如何与他人更好地相处。

通过了解孩子的先天性格，相应地改善你的管教方法，你可以帮助他不断成长，与他人更好地相处。上帝曾经说："……我命令你在光明和真理中养育孩子。"①如果我们逃离和顽皮宝贝不断争辩的战争，那么传授光明和真理应该会更加容易。"真切地告知你，他好辩的特点不是来自我，而是来自好辩之父——撒旦，他用愤怒挑开一部分人的心脏，用好辩来摧毁另一部分。"②

了解孩子的性格很重要。一旦你认识到他让你抓狂的那些事只是他性格的产物，你就可以开始着手解决问题了。你要知道，孩子那么做并不是存心为了激怒你。他并不是为了引起你的注意而尖叫，他的固执也并不是为了质疑你的权威。他这些奇怪的行为都是有原因的。如果你知道原因，那么你就可以更加有效地管教你的孩子了。

顽皮宝贝的特点

顽皮宝贝的特点很多。他和其他孩子很像，只是特点更多。

也许，你在怀孕时就知道这个孩子的与众不同了——他很正常却与众不同……或许从出生开始，护士就无奈地摇着头祝你好运；或许，是更久之后。起初，你也许认为所有的孩子都是这样。你的"觉醒"可能来自第二个性情温和的孩子的出生……或许是来自你妹妹的孩子出生……面对孩子瞪着你的眼睛和他的不断谴责，你的直觉告诉你并让你确信，这个孩子很难管教。但是，你不确定你的判断是否正确，也不知道如果你的判断正确的话，原因是什么。③

我们的研究发现，对于这些"顽固儿童""活泼机警儿童"或者"困难儿童"身上的特点，一些作者列出的列表几乎一模一样。而我们自己，通过和顽皮宝贝的接触，也得出了一份类似的清单。第一个特点是——情绪强烈——这点存在于所有顽皮宝贝的身上。接下来的四个特点（坚持力强、适应性强、感知力强和敏感度高），是几乎所有顽皮宝贝都会有的特点。宝贝们还可能具有以下一

---

① 《教义与圣约》，第93章，第40节。

② 《尼腓三书》（3 Nephi），第11章，第29节。

③ 《抚养精力旺盛儿童》，玛丽·西迪·柯尔辛卡编，第8页。

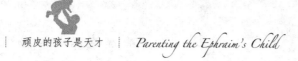

个或者多个特点，如：活跃、有智慧、有控制力和独立。以上这九个特点均以不同的程度表现出来。尽管有的顽皮宝贝并不会表现出他所具有的每个性格特点，但是他的表现会足以说明他的与众不同。记住，并不是他们身上所具有的这些特点使他们与众不同，而是这些特点所表现出来的程度与其他孩子不一样。接下来我们将简要介绍这些特点，然后在之后的章节中深入分析。

强度

情绪强度指的是孩子对自身感受和外界情况的反应强度。这就是我们之前所提到的更强烈的情绪。这是我们需要讨论的地方。情绪强烈是顽皮宝贝身上的典型特点，因为这个特点决定了他参与任何事情所投入的感情程度。这些孩子的感受是非常深刻的，他们会强烈地体验每一种情感和感觉。顽皮宝贝不仅仅是生气，而且是非常生气。他们不仅仅是为自己的团队喝彩，而且是狂热入迷。他们不仅仅是看电视，而且是全身心沉浸其中。他们不仅仅是难过，而且是伤心欲绝。他们不从表面研究，而是深刻端详。一些顽皮宝贝会用各种炫耀的形式来夸张地表达他们的情绪，而其他的宝贝们则默默地含蓄其内。

直截了当地说，如果没有情绪强烈这个特点，就不会构成顽皮宝贝。如果你的孩子不是过分的敏感、活跃或者坚持，你也许就不会需要从育儿书中寻求帮助。但是如果你把孩子的激烈情感转化为正直和目标专一，那么你就会看到一个非常正直、服务意识强的人。

坚持力

坚持力指的是一个孩子能在一项活动中待多久。顽皮宝贝往往很能坚持。如果他们有想要做的事情或者想法，他们会立刻就想得到或者做到！他们不会轻易放弃，你要想让他们放弃自己的想法，几乎是不可能的。对于成人来说，必须承认，坚持是一大优点，但是这种品质要是出现在小孩子身上，往往会让人头疼。这些孩子会拒绝放弃自己的想法，也会特别在意你的想法。许多时候，这些孩子太过坚持了，会让自己的父母抓狂。养育一个很能坚持的孩子需要父母付出更多的精力和努力，但是，在孩子一次一次拒绝放弃某事的时候，身为父母，需要好好想想他在绝不放弃的时候会做些什么。

适应性

一些人很少关注生活中的变化或转变，而另一些人可能会强烈地感知一些细小的变化。适应性指的是一个孩子对环境和事情的适应程度。顽皮宝贝通常适应起来会很慢。他们需要一个预警来接受即将到来的变化，尤其像是停止一个有趣的活动或是开始他们不喜欢的事情这种不好的变化。这些适应很慢的孩子不喜欢惊喜。

如果你的适应性强，你也许不会注意到孩子的适应性很差。但是在日常生活中，你与顽皮宝贝之间的很多冲突大多数都是来自孩子们对改变的不适应性。吃饭、小睡、公差、拜访朋友、送孩子上学、接孩子放学等这些正常的改变都会有困难。突然改变计划会引发冲突，例如：晚饭固定吃意面，而不是孩子期待的汤。搬新家也可能会导致一场灾难。一个新的家庭成员可能引发上述的所有影响，孩子的反应可能会完全超出正常。你需要意识到孩子的慢适应性，以便帮助他为变化提前做好准备。

感知力

顽皮宝贝对周围环境的感知很强，他们几乎关注一切事物。一次，我们去拜访朋友，我的顽皮宝贝自始至终在大叫："火车！火车！"我们中没有一个人发现房间里有火车。最后离开时，才有人注意到，在另一间房间里有一个马克杯，上面有火车图案。它被挂在厨房碗柜的钩子上，周围至少还有八只杯子包围着。一屋子的大人花了30分钟才发现火车，而这个1岁的孩子在从门口经过的那一分钟内就发现了。

顽皮宝贝对周围环境很留心，几乎不会错过任何事情。他可以听到隔壁人们

的交流，注意到你为了怕他多吃而自己偷偷塞进口中的糖果。即使在干别的事，他仍然可以知道你在看什么电视节目。观察力强的顽皮宝贝会发现停车场中央的一个便士，或者天空中超出视野范围的飞机；他也会注意到你把车钥匙落在哪里，衣服放在哪里。

在你寻找错放的东西时，感知力和观察力如此强是一大长处，但有时，这个品质则会让人心情沮丧。当你试着催促你的孩子在人行道上快点走，他却走三步停三下，看看蚂蚁，或者捡捡石块，听飞机飞过的声音，这着实会让人很恼火。当你让他去房间里取一些东西，你会在10分钟后发现他还在去房间的路上，被其他事物分散了注意力。在顽皮宝贝的世界里，有太多的东西要看要研究，这个数量远远超过大多数人所忽视的事物的半数。你需要帮助他学习如何把注意力放在最重要的事情上。

敏感度

顽皮宝贝不仅仅是对周围环境很敏感，而且常常对此刺激反应强烈。这就是敏感的含义。比如，你和我也许会对衬衫衣领标签上潦草的字迹恼火，但是顽皮宝贝会无比愤怒，直到这个标签的一针一线都被拆走。嘈杂的噪声、混乱的活动、褶皱的袜子或者有趣的气味，也许对我们没有什么影响，但通常都会影响到顽皮宝贝。因为他们的感知力很强，每种经历对他们来说都像炸弹一样重大，因为他们可以看到、听到、感觉到以及闻到许多我们错过的东西。

当满屋子都是人的时候，敏感的顽皮宝贝不会像别的孩子一样睡觉。他们关注环境的变化，感觉和倾听不同的东西。这些敏感的孩子会注意到一切的声音、气味、光亮甚至质感，并且对此反应强烈。顽皮宝贝也会对感情进行反馈。他们就像家庭压力或者情感状况的指示计。当你的压力很大时，他们会很自然地感同身受，甚至表现更差。

把敏感的孩子变得过度敏感，这并不是件很罕见的事儿，因为他对于感觉这种事无比关注。特定的场合，比如拥挤的人群、喧闹的庆祝活动会使你的孩子在短时间内压力巨大。你的顽皮宝贝并不是故意要在众人面前使你难堪，他也许只是被所有的声音、动作和骚乱所分神。这是敏感人士的正常反应，你应该学会如何帮助孩子控制这种情况。

活跃度

许多顽皮宝贝似乎充满着无限活力。他们从清晨跳下床的那一刻起，一直到晚上你让他们睡觉，时刻都忙碌无比。相比走路，他们更喜欢跑。他们喜欢跨过障碍而非绕过。他们总是摇摇晃晃，从椅子上摔下来，把食物撒一地，撞到人或者物件。精力充沛的孩子性格活跃，他们需要摇晃身体来感觉良好。他们不只是喜欢动，他们从骨子里爱动。

一些顽皮宝贝并不总是在房间里制造噪音，但他们仍然很活跃。这些孩子非常忙碌，但是他们很安静，不会尖叫或者滔滔不绝地说话，也不会制造刺耳的声音。即使从一个活动变到另一个活动，他们也不会打扰你，而是靠自己努力去完成。他们一直在活动，但是直到你发现屋子一片混乱，你才会注意到他。顽皮宝贝总是动来动去，绝不让自己无聊乏味。

智力

顽皮宝贝通常很聪明。他们可以成为很棒的思考者，他们的学习方式也和其他孩子不同。许多这样的孩子都有很高的语言天赋以及极强的记忆力。有超出正常水平的智力，但只有一般小孩的心理成熟度，这种极不平衡对于父母来说是个巨大的挑战。这种聪明的3岁孩子，说话和辩论起来像一个5岁的孩子，但是他们的心理还只有3岁。

衡量智力的一个重要量度是情商，它是理解感觉、处理情感，看懂并配合他人情感的能力。因为顽皮宝贝具有极其强烈的感觉，因此，对于他们来说，学习如何掌控自己的感觉非常重要。当他们理解了自己的情感，就能更好地学会用自己的内心来表达情感，而不是忽视内心或者被内心所控制。

控制力

难道不是所有的孩子都想走自己的路吗？是的，但是，在我们的经验中，大多数普通的孩子并不会指示自己的父母要如何开车去祖母家，或者对保姆做的所有事情都指指点点。许多顽皮宝贝对于控制有着强烈的需求。通常，一个爱控制的顽皮宝贝总是会尝试着去训导兄弟姐妹或者自己的朋友。他们总是希望一切尽在掌握中。顽皮宝贝们的口才通常很好，并且会以此作为其优势。他们会谈判、争论、辩论，或者用魅力来达到自己的目的。其他不能用语言来表达个人意愿的孩子，就会凭借打架等体力活动，用武力来表达自己。我们需要用救世主的例子来重新定义这种潜在的、好指使人的行为，这是一种领导力。

许多父母发现自己陷入了与顽皮宝贝的日常抗争中。我们如何给予孩子某些方面的控制权，同时又不放弃自己的控制权呢？通过理解他们的性格，解决事情背后的情感需求，我们可以帮助顽皮宝贝减少成长和发展过程中的一些冲突，然后就可以站在同一立场而不是相互反对的立场。

独立度

独立的顽皮宝贝有很强的意愿去做自己的事情，即使他无法完成。他想要自己吃饭、自己扣安全带、自己走路、自己辨认东西。他不仅仅需要独立，而且这种需求还很强烈。当这个过程耗时太久，往往该任务都会以父母和孩子的沮丧告终。有时父母无论怎么做，孩子都会扯着嗓子以最大音量哀号半个多小时。对于这些独立的孩子，教会他们依赖、独立和相互依存是很重要的。相互依存关系是发展良好人际关系的一个必要技能。最终，这个高度独立的个体需要看到他对上帝的依赖——而顽皮宝贝并不会自动接受这种想法。

外向/内向

还有一个方面的个性和性格需要强调，这就是外向和内向。一个顽皮宝贝要么是性格外向的，要么是性格内向的。然而，你需要确定他是属于哪一类型，因为在处理生活和人际关系的过程中，一个外向的人和一个内向的人的表现是截然不同的。

外向的人主要关心外部的事物和人。外向的顽皮宝贝很好判别：这样的孩子无论做什么事总是很吵。当他们玩耍时，会大喊大叫。当他们失望时，他们的哀号声会震耳欲聋。他们会用怒吼来代替哭泣，用狂欢来代替笑声。要试图让他们安静地说话，几乎是不可能的。

也有安静的顽皮宝贝，即内向的孩子。内向的人主要关心他们自己的想法和感觉。这样的孩子在进入某个场合前会先专心地观察情况。他们往往会三思而后行。他们的情绪和吵闹的顽皮宝贝一样强烈，但是这种强烈的情绪只表现在内部。如果你做了什么事情打扰到他们，他们就会变得很吵闹，但是也绝对不会比他们外向的同伴更吵闹。在多次干扰后，安静的顽皮宝贝的这种吵闹反应的持续时间会越来越长。

在《抚养精力旺盛儿童》一书中，玛丽·西迪·柯尔辛卡描述了外向和内向的孩子让我们抓狂的方式。接下来的段落是她书中观点的汇总。柯尔辛卡说，这些孩子需要能量来管理自己强大的个性。这需要付出大量的努力，来完善和调整这些性格特点——自信而非激进地表达，顺利过渡转变期，或者在一屋子喧闹的人面前保持平静。但能量水平低下的时候，这些孩子的应对就会有困难，丧失了改进行为的力量。[1]外向或者内向的顽皮宝贝会用不同的方式来获取这种能量。你可以帮助他们保持这种能量，来让他们获得更大的成功。了解孩子的偏好会帮助你教会他在低能量时充电，这样你就会拥有一个快乐平静的孩子。

---

① 《抚养精力旺盛儿童》，玛丽·西迪·柯尔辛卡编，第52页。

外向的孩子从别人那获得自己的能量。他们更喜欢和周围的世界和人接触。他们是爱和人在一起的婴儿，是即使不会说话也会说个不停的孩子。外向的孩子一有什么事就会立即与你分享。如果外向的孩子没有机会把这些立即说出来，他们就会变得脾气又坏又急，因为他们的能量快用完了。如果允许他们和其他人待在一起，他们就能更好地应对这种情况。

外向的孩子从外界获得能量。他们不只是喜欢别人，而且需要别人。希望这种类型的孩子待在家里自娱自乐是不现实的。如果有机会，他们会很乐意和朋友玩上几个小时。如果没有可以玩的朋友，这个角色就需要由你来扮演了。外向孩子思考的最佳方式就是说话，他们通过说话来补充能量。从他下床的那一秒起，他就有话要说。其他孩子或许很难一起床就开始插话，吸引父母的注意力，但是外向的顽皮宝贝则会让父母抓狂。

内向的孩子通过独处来获得能量。他们更愿意在交流前通过自己的思考和内心的感觉来应对这个世界。他们靠独处来自我充电。如果先给他们独处的时间，之后他们就会与其他孩子玩得很好，也会更加好合作。如果独处时间不够，他们就会变成很不好合作的困难儿童。

有时，年幼的顽皮宝贝会从外界抽身一会儿来补充自己的能量。这段时间，他会拒绝与任何人进行互动交流。他会在沙发上玩汽车模型，在准备再次融入集体前，他会完全无视大家。有时他会回到他的房间玩电脑或者看看书。我们知道，他不想被包括父母在内的任何人打扰。如果有任何人试图跟他说话或者找他玩，他都会拒绝。这个拒绝并不是针对某个人，他只是需要一些独处的时间。等他准备好了，就会再次加入。

内向的孩子常常会在家庭聚会上不知所措。随着长大，和许多人接触，尤其是不亲密的朋友，都会使他们无比疲倦。在去学校后，我们需要给予他时间来补充能量。他们需要休息一会儿，需要独处的机会。你可以教会他们以合适的方式退出小组。作为父母，你需要为孩子创造机会休息、看电视、玩游戏或者阅读喜欢的杂志。

如果内向的孩子没有补充够能量，那么对他们来说，加入组织的压力会很大。这些孩子在补充能量后会乐于和你分享他们的想法和经历，但通常需要你来提问。他们分享的一般很少，你需要仔细听以免遗漏。有时，你必须等待数天，才会知道他们的生活中发生了什么。内向的孩子会先想后说，让他立即回答会消耗他大量的能量。

认识到既不外向又不内向的性格要比其他性格更好，这一点非常重要。外向和内向这两种性格都有着自己的优点和缺点。然而，内向的人更易被误解，他们会因为压力而变得外向或者放弃逃离回房间。对于内向的人，你需要认识到他喜欢独处并不奇怪。对于外向孩子的家庭和朋友们来说，认识到性格上的差异并且容忍这种差异是很重要的。你的孩子可能会偶尔表现外向，又偶尔表现内向，你需要仔细辨别，确定哪一种是主导性格。

了解了孩子补充能量的方式之后，再回头审视一下自己的方法。如果你和孩子的想法不同，就会产生冲突。如果你更好地了解了自己，你就可以和孩子一起努力，让彼此都能量满满。身为一个顽皮宝贝需要很多的能量，而成为一个顽皮宝贝的父母同样需要很多的能量。如果你的能量足够充足，那么你就能更加有效地教会孩子如何保持其能量。

整体情况

我们希望您阅读完此书之后会更好地理解您的顽皮宝贝。更深入地了解他的个性会帮助你明白他为什么很特别，为什么他不做其他事儿，而是做一些让你抓狂的事情。每一章都是难题的一部分。一旦你明白所有的行为都是他天性的表现，你就可以调整自己、调节外部状况来发挥孩子的长处，而非加剧其弱点。接下来，你需要帮助孩子理解自己，一起完善这些优势。记住，顽皮宝贝身上的特质都会更加强烈。我们的使命是帮助他利用自身特点，更加公正，更加热心，更加热情，更加善良……更像我们的救世主。

第四章

强度

顽皮的孩子是天才

一些人即使是对世俗的事情都会情感激动，而另一些人却可以在环境最艰难时保持镇定。顽皮宝贝属于前者。

想象你口渴的那一刻。你打开冰箱门，面对着许多种选择。或许冰镇水最让人提神，或许你会选择更有风味的饮料——番茄汁、牛奶或者柠檬水，或许软饮料更加恰到好处。其实，无论你选择什么，本质上都是饮料。水和软饮料差不多，番茄汁比水更有味道，但是又不如一罐七喜。饮料最主要的区别就在于味道的强弱。

强度在色彩世界中非常常用。色彩有多种维度。色彩是我们常看到的颜色，如红色、黄色和蓝色。强度是色彩的亮度或暗度。因此，强度是每一种可以看到的绿、红、紫等色彩不可分割的内在属性。霓虹绿比冬青更强烈。色彩越强，色彩也越多。

就像饮料和色彩一样，人们也表现出一系列的强度。更加成熟的人往往比情绪强烈的人表现得更加柔和，正如水并不比柠檬水强烈。顽皮宝贝的典型特点就是情绪强烈。他就像碳酸饮料和霓虹绿，拥有和其他孩子一样的品质和特性，只是强度更强。他比大多数人的感觉和做事方式都要更加激烈，因为这种强烈的情绪，我们才总说顽皮宝贝什么品性都要更加强烈。

许多时候，正是顽皮宝贝们的强烈情绪，使得你和他的生活困难重重。你也许会问，难道每个孩子的情绪都会很强烈吗？难道他们不会沮丧吗？答案是肯定的，但是如果你曾和顽皮宝贝接触过，你就可以辨别其中的差异。当其他孩子沮丧时，顽皮宝贝心情是绝望的。他们不会只是有点快乐，顽皮宝贝会欣喜若狂。生活对他们而言，是黑与白，没有灰色地带。他的情绪范围很宽，无论难过、高兴还是生气，其中几乎没有层次过渡。每件事都是大事，无论吃饭、玩耍、去商店、午睡或是尝试新事物。

顽皮宝贝的反应能力可以横扫周围所有人，所以他们会感觉到被深层的情感波浪翻来覆去地折腾。将生活中正常的数量和反应翻倍，你就可以明白为什么成年人在一天结束的时候那么劳累了。一位顽皮宝贝的家长可怜地问道："他可以学会睡觉和歇斯底里之间的其他表现吗？"即使孩子是快乐的，他也是极度兴奋的，这往往会使别人很累。当顽皮宝贝伤心或者沮丧时，他会感觉生命都要终结了。

之后，与任何一个正常的孩子相处时，你都会有数不清的日常危机。顽皮宝贝对生活中正常的失望所做出的反应是灾难性的。你试着跟他解释，吃饭不管用黑色还是蓝色的盘子，都不是生死攸关的大事。你试着说服他，擦伤膝盖是不会死的。多数孩子犯错后会耸耸肩，继续前进，但对顽皮宝贝来说，普通的错误是件重大的事情，会毁掉他们一整天。用教育的手段来应对顽皮宝贝是让人沮丧的，因为不管你怎么努力去说服他，不要如此在意每一个小东西，事实上他仍会非常在意。他对一切事物都强烈地关注着。

吵闹和外向的顽皮宝贝是很容易发现的。他走到哪里，哪里就是混乱。他被周围的强旋风包围着。直到他离开，激烈的声音、激烈的运动和常见的混乱才会减弱。吵闹的顽皮宝贝醒着的时候会让人神经疲惫不堪。但是安静、高度警觉的孩子，他们在进入某个局面之前会评估其状况，这些孩子的情绪也是强烈的。他们只关注内部的激烈程度，而不是外在的。不要让安静的顽皮宝贝骗过你，他们的情绪是和吵闹的同伴一样强烈的。

作为顽皮宝贝的父母，有时候会是孤独的。当亲朋好友的建议根本不起作用时，你会思考你和孩子之间哪里出现了问题。答案是：你们都没有错。根据我们自身的经验，因为你的孩子所有的性格都更强烈，所以适用于其他孩子的许多教育方法对你的孩子是没有用的。然而，你需要记住，他们并不是困难儿童，只是养育他们很困难。你有一个对任何事情都表现激烈的孩子：极度的坚持、极度的敏感、极其的独立、强烈的控制欲等。生活中很正常的起起落落对于他们就变成了高山和深渊，要在如此崎岖的路上为他们指引，确实很具有挑战性。

让我们来做一个很有可能的假设：在养育、教育和引导顽皮宝贝方面往往需要更多的努力。深呼吸，放松一下。你并不比其他的父母糟糕。有时候，你和孩子在杂货店购物，别人都诧异地看着你，看着你应对一个尖叫、伤心欲绝的孩子，就好像你要切掉他的胳膊或者腿一样，这一切的原因仅仅是因为你走了通道3而不是通道4。但也有时候，你会和孩子一起笑到眼泪都要流出来。所以，请系好安全带。道路坎坷，但是值得走下去！

我看到一位小学教师进入教室，她看起来疲惫不堪。她是一位公立学校和教堂的资深老师。一月份的第二次课是她和三个顽皮宝贝待在一起的第二周，而全班只有四个人。当她说"我需要帮助"时，我忍不住认同地笑了。我为此表示同情，因为我深深明白她确实不容易。

处理"失控"

顽皮宝贝的情绪通常十分强烈。这一方面的个性会被很快被发现。玛丽·西迪·柯尔辛卡引用丹尼尔·高曼（Danial Goldman）1987年发表在《纽约时报》（*New York Times*）上的内容：

一些人发现自己即使是对世俗的事情都会情感激动，而另一些人在环境最艰难时依然可以保持镇定。这种感觉的水平差异区分着人们的整个情感生活：研究表明，有低谷就会有高峰。如果不是生下来就具有差异，那么人与人之间的差异基本会在童年时表现出来，变成性格的主要标志。[1]

生活的巨大挑战之一是学习如何控制我们的情绪。我们的目标并不是完全

---

① 《抚养精力旺盛儿童》，玛丽·西迪·柯尔辛卡编，第28页。

忽视、隐藏或者封闭我们的情绪。我们不想成为有逻辑、理性的机器人，或者成为不能处理自己情感的史波克（Spock）先生。但是，我们也不能丧失理智，让我们的情感泛滥，完全统治我们的生活。我们最终的目标是拥有一个可以协同我们的情感和理智关系的方法。毕竟，正是心灵和思想的结合，才促成了我们的灵魂。

顽皮宝贝在应对自己的情绪时极其困难，这正是因为他们的感觉太过强烈。他们强烈而深刻地经历着各种情感，体验着各种感觉，也通常会以难以置信的强度来表达自己。这些孩子在难过时号啕大哭，在兴奋时大喊大叫，在发疯时高声尖叫。明白顽皮宝贝并不是故意用此方式来阻挠、刺激和操纵你，他是真的需要表达这么多的情感，这一点非常重要。

当一个孩子情绪强烈，尤其是不高兴时，我们很难知道该怎么办。这种情况可能会让我们极其不舒服，毕竟我们一般都希望孩子能够平静而安宁。被卷入汹涌的情感和失控的交火中是很可怕的。有时，成年人会忘记孩子仅仅是个孩子，自己也可能会害怕这种强烈的情绪。他不知道如何处理自己横冲直撞的情绪，也可能会对这种强烈情绪感到害怕。顽皮宝贝通常并不理解他们自己的这种激烈情绪。他们不知道自己为什么哭时会哀号，为什么会在区区小事上丧失理智。但他们就是这样。帮助这些孩子来应对自己的情绪，而不是隐藏它们，成为情绪的奴隶，这是我们的工作。（在第11章和12章会有更多管理情绪方面的内容。）

常常会用"失控"来形容顽皮宝贝对自己的情绪失去掌控的状态。当然，"狂暴、疯癫、丧失理智"这些词也一样适用。如果你和顽皮宝贝相处，你就会明白"失控"的含义。当他最喜欢的衬衫弄脏了，没法再穿的时候，就会发生这种情况。当你突然改变计划，你就会得到他这样的反应。情绪强烈的顽皮宝贝也许会因为床单的一个小变化而抓狂失控。他对日常无关紧要事情的反应都可以用"掀开屋顶"来形容了。因为孩子的各种情绪都很强烈，所以不管原因是什么，他的反应都会是"爆炸式"的。

在与强烈情绪的孩子相处时，当他失控发疯时，最重要的一条经验就是避免陷入该情况。但失控就像一个黑洞，他们很容易深陷其中。如果你这样做，或者当你做的时候，你可能会生气、愤怒地大喊或者尖叫；你也可能会用讽刺或者用伤害性的言语来针对孩子；你可能会采取逻辑方法，和孩子辩论为什么他的情绪没有任何意义；一些人甚至使用身体暴力，用摔跤的方法将孩子拖进房间。这些纠缠就像动画片，片中主人公用手和脚抠住门，而其他人不顾他的意愿试图去推动和拉动他。很快他的胳膊和腿开始被拉长，最后仅剩下他的指甲和脚趾在支撑。如果你亲身经历，这个抗争过程是很可笑的。

如果你天生柔和，那么保持冷静和妥协退后可能会很容易。然而，如果你也天生情绪相当激烈，那么要保持冷静就需要惊人的忍耐力。我们的建议是：无论如何都要保持冷静！甚至是你需要把自己锁在浴室里做自我斗争，你也要让自己保持冷静。和情绪强烈的孩子作斗争时，如果你的情绪也很激烈的话，往往会加剧情况恶化，起不到任何作用。你所做的一切就是建立了一个恶性循环，让你和孩子彼此吞食坏情绪。

处理失控最好的方法就是第一时间避免失控。在演变成灾难前，进入并干预是处理的窍门。通常会有微妙的、非语言的暗示来告诉你孩子的情绪强弱。没有两个孩子会有相同的征兆线索，但是他们都会给出一些迹象来表明他们的行动。你的工作就是注意到这些迹象，并且采取预防措施。不要因为累了、忙碌或者厌烦了自己的时时干预而忽视他们。通过了解和处理孩子易发生失控的征兆，你就可以避免一场重大的危机，避免花费大量时间和精力。

你要有意识地努力去发现孩子的线索。有些父母甚至会通过直觉感知到孩子的征兆。几种常见的线索是咬牙、握紧拳头、音量变大、攻击性变强或者嘲笑声变大。一旦你知道了征兆是什么，你就不仅可以干预，还可以教顽皮宝贝自己注意。当你获得了提示，告诉你的孩子你看到了什么。"当你想要疯狂奔跑时，你的感觉就在失控。""你变得越来越咄咄逼人时，说明你需要一些时间来冷静。"最终的目标是让他靠自己、用自己的意志来避免失控。

然而，你无法在顽皮宝贝处于失控的状态下教他如何用语言表达和识别自己的征兆，你只能等到他冷静后再指出来。通过指明他在绝望时是什么感觉，孩子可以学会如何在失控前用语言来满足自己的需求。孩子能够表达自己强烈的情感是很重要的，无论用什么方法。使用语言可以辨认出他现在的感觉，而不是等到他用身体来告诉你。有人说，两岁的孩子常发脾气的原因之一就是，他们不具备语言技能来表达自己，发泄情感。两岁的孩子通过打、踢和尖叫来表达感情。和你的孩子谈论他的情绪，直到他可以自己控制。不要忘了使用崭新的、具有积极意义的日常称呼！

然后呢？

你知道了孩子的线索。你已经认识到情况，干预进去避免失控。那么如果你的顽皮宝贝仍然很激动，你又该做些什么呢？在《抚养精力旺盛儿童》一书中，玛丽·西迪·柯尔辛卡建议通过舒缓和安静的活动来帮助孩子平息强烈情绪。下面的许多想法都是来自她的书。①你会发现，你已经在跌跌撞撞的尝试中用过其中的一些方法了。尝试不同的活动，记下其中有效果的活动。把其中一些活动融入日常生活中，帮助顽皮宝贝冷静下来，更好入睡，这是个极好的主意。建议的活动有：水活动、幻想、感官活动、阅读、幽默和放松片刻。

水活动

水是可以舒缓孩子强烈情绪的一种实体。你可以给孩子洗澡，在后院浅水池填水，让孩子在水槽里玩，打开软水管玩水，或者让你的孩子用水来画画。我们的一个孩子喜欢用满桶的水在后院营造江水、湖水或者沼泽；另一个孩子则会停下来在水槽或者水坑中玩耍。如果你的孩子度过了很不顺的一天，也许把他带进浴缸里，给他一些杯子让他玩水是你唯一能让他保留理智的方式。从我们孩子的

---

① 《抚养精力旺盛儿童》，玛丽·西迪·柯尔辛卡编，第77—82页。

婴儿期开始，我们就将泡澡作为日常惯例，不管孩子脏与不脏。这样似乎有点极端，但是这种习惯一直是让孩子平静下来安心睡觉的好办法。不给他泡澡的夜晚都成了我们的不眠之夜。

幻想

大多数的顽皮宝贝有着异常丰富的想象力，你可以利用这点来帮助他们调节情绪。想象力不仅吸引他们的注意力，也可以帮助他们从情感的旋涡中分散出来。柯尔辛卡举过例子，你可以假装要带孩子去参加聚会。[①]你可以帮助女孩梳头发、戴耳环、穿袜子、喷香水等。对于男孩子，你要假装帮他刮脸、修剪鬓角或者整理领带。

利用想象力的另一种方法是创造有创意的戏剧。例如，你可以让她假装自己是暴风雨中的一朵花来帮助一个超能孩子释放她的能量。她在暴风雨中顽强抗争，摇摇摆摆，当风暴消散，花依然坚强如故，自由自在地呼吸。通过这些活动可以帮助你的孩子看清楚自己的能量，用创造力来释放多余的能量。

感官活动

这些孩子有非常敏锐的感官：触觉、味觉、嗅觉、听觉以及视觉。因为其对于某种感官的极度关注，某些特定的活动会帮助顽皮宝贝释放能量，分散强烈情绪。他们喜欢的一些触觉活动有玩生面团和橡皮泥。你也可以用大米或者豆类填满罐子，让孩子感受它们质感的不同。有时，选择一些喜爱的音乐或者听录音书，可以帮助孩子专注于声音而平静下来。涉及视觉在内的，诸如一些电脑游戏或者电视节目（数量有限），也会有所帮助。轻挠头部、按摩腹部或者用指尖在孩子背上画画都会是分散强烈情绪的好方法。你也可以让孩子坐在门廊上感受微风、沐浴阳光或者欣赏阳光透过树丛的星星点点的光。运用你的想象力吧，去寻

---

① 《抚养精力旺盛儿童》，玛丽·西迪·柯尔辛卡编，第78页。

找其他的活动，让孩子利用自己的各个感官来分散强烈情绪。

阅读

当所有的方法都失败或者没有条件实行的时候，试试阅读吧。拿出一本书，邀请孩子坐在你的腿上或者你的旁边，用文字来帮助他舒缓强烈的情绪。这也可以让孩子看到书籍的重要性和吸引力。研究表明，阅读书籍的孩子也可以更好地懂得自己。利用当地的图书馆和二手卖场，在家建设你自己的图书角，以便你随时使用。

幽默

有人曾说——笑是两个人之间最短的距离。[①]

有时候，顽皮宝贝的情绪很强烈，这时候讲道理是不管用的。许多时候，幽默都可以帮助孩子管理自己的激烈情绪。开玩笑、开始挠痒痒大战或者用其他方法让孩子笑。一旦情绪扩散开来，你可以和孩子一起以更加平静的方式来应对局面。幽默也可以帮助避免武力斗争，所以不要忽视笑的力量。

放松片刻

当成年人压力太大负荷过重时，他们就会尝试放松一下——不管是工作间隙休息还是在电视机前休闲娱乐，抑或是一个有计划的假期。然而，当孩子需要平静下来时，父母往往会剥夺他们的时间来惩罚他们。但是，孩子们有时候就是需要一些时间来让自己平静的。我们用"放松片刻"来描述顽皮宝贝需要从一种局面中暂时走出来好好平静的状态。放松片刻并不是惩罚，而是为重新掌控补充能量。当孩子快失控时，提醒孩子他的强烈情绪正在失控的种种征兆，然后让他放松片刻。许多时候，你只要告诉顽皮宝贝他需要放松片刻，就会让他知道自己需

---

① 《引语》（*Quotationary*），维克托·波齐（Victor Borge）编，光盘（CD-ROM）。

要平静下来。随着时间流逝，孩子可以学会在没有你的提醒时辨别自己何时需要放松休息。

孩子需要你的帮助来学习如何放松和冷静。你可以在他们放松时陪着他们，做一些舒缓的活动或者引导他们把问题说出来。其他人会更喜欢一些独处的时间。当他们准备好接受你在身边，你就可以和他一起来安抚情绪。当顽皮宝贝处于情绪强烈的状态时，可能需要大量的时间来平静，你需要对此做好准备。我们曾在家中放松超过一个小时，大多数时间里我们并不受孩子的欢迎。如果孩子强烈情绪的消散花了很长时间，你也不要太担心。但是，你需要在风暴过后，和孩子一起讨论一下如何用更好的方式来让自己平静，而不是等到他需要一个小时来平静自己时再去处理这种情况。

有关竞争

竞争会激发出顽皮宝贝身上所有的强烈情绪。通常，这些孩子会强烈地关注着输赢结果。这样的竞争不局限于体育。你的孩子也许会争吵辩论直到他自己筋疲力尽，仅仅因为他想要赢得讨论。让你的孩子承认自己错了也许比从他嘴里拔牙还难。当孩子失败时，你很可能会在那个时刻感受到孩子的创伤反应。

很多时候，顽皮宝贝都有点完美主义。他们对于如何做事有着自己的观点。当他们的期望没有得到满足，或者自己被误解时，这些孩子很容易走向极端。当你帮他做艺术品时，你切的是矩形而非他想要的三角形时，他极有可能会非常生气，拒绝看一眼或者碰一下这个艺术品。当现实不同于他们内心所想时，这些孩子会非常沮丧，可能会失控。

然而，竞争也可能成为这些孩子的巨大推动力。顽皮宝贝不想刷牙，仅仅因为没有人让他参与谁刷牙更快的比赛。孩子不愿意吃饭是因为没有比赛来看谁能在叉子上夹住最多的面条。只要不失控，竞争是件好事。

你可以通过让他明白终极目标是什么，来帮助顽皮宝贝应对自己强烈的竞

争意识。或许家庭聚会时踢足球只是为了锻炼，而不是像世界杯那样的体育竞技。"大富翁"家庭游戏只是为了娱乐和欢聚，而不是要进攻真的地产市场。一场冲到浴室的友谊赛并不是为了变成通过摔跤来阻止他人先进入的比赛。如果顽皮宝贝明白期望的最终目的，那么他会有更多的信息来帮助自己更适当地表达竞争意识。

极端的例子

你拥有的最有效的教学工具就是你自己。孩子从你的言传身教中学到最多。因此，当务之急是，你要以一种积极的、富有成效的方式来控制孩子的强烈情绪。如果他的情绪使你感觉到不舒服、生气或者不耐烦，那么他也会很容易变成那样。告诉你的孩子，你是多么看中他的能量、热情、激情、承诺和热忱。向他展示你欣赏他深刻的情感，欣赏他与他人相处时的情深意重，然后向他展示恰当的情感发泄途径。这种情绪不会自行离开，你的孩子需要你的帮助来明白如何应对。

如果你自己情绪紧张，你可能需要学会更加冷静地处理自己的紧张情绪。或许你需要看看在你成长过程中的日常称呼。如果名称是消极的，你就需要自己重新设计名称。如果你对自己的直接反应或者强烈反应感觉不舒服或者很消极时，你的孩子也会学会这种情绪。有时你需要在自己失控前也放松一下。孩子会观察你是如何调节自己的，因此你要确定这种方式也是你希望孩子尝试的方式。

情绪强烈并不是一件坏事。尽管有些时候你会希望你的顽皮宝贝能冷静下来，但是强烈的情绪可以为生活增加额外的深度、维度和兴奋感。引导正确的强烈情绪是可以作为一种优势的。它可以给孩子提供动力和激情，推动他完成任务并取得成功。例如在体育的世界里，运动员以激烈（并非生气）的状态竞技是会受到高度赞扬的。通常，正是这样的激烈水平才造就了卓尔不凡的运动员。一位大学运动员曾写道："高强度的情绪会让你全神贯注关注运动，甚至下定决心为

集体牺牲个人利益。^①

将情绪强烈重新定义为热情

把强烈的情绪从狂风暴雨的情感凝聚成更清晰的焦点时，就可以变成一种强大的工具。我们的经验是：顽皮宝贝做任何事都不能不投入全部的"真心、体力、智力和勇气"[②]，这就是他们的本性。重要的是要记住，情绪强烈、内在动力是成年人高度重视的特质。这样的孩子会很焦急地把泥巴扔满滑动玻璃门，只是为了挡住你所有的视野（这是一个真实的故事），而这样的孩子总有一天会完全投身于上帝委派的事业中。

不仅我们要帮助顽皮宝贝关注他的强烈情绪，而且他也需要学习优先考虑对自己最重要的事情。他的激情需要集中于正确的方向：乐于助人，而不是为己谋利。当周围的人知道强烈的情绪是为了追寻一种共同的目标时，强烈情绪就成了一种追求。当某人带着决心和激情朝着一个目标前进时，他会被认为是热情向上的（请把这个词语也加入你的日常名称中吧！）。

《圣经》告诉我们，那些为上帝服务的人们被要求"用他们……全部的真心、体力、智力和勇气来服务。"[③]"人应该积极投身于伟大的事业中，以自己的自由意愿来做事，传递正义。"[④]"能量在他们身上，他们为自己代言。"[⑤]

尼尔·A.麦克斯韦（Neal A. Maxwell）曾写过，新生代似乎很"焦急地想要参与"[⑥]。顽皮宝贝们似乎生来就有强烈的愿望，想要"焦急地参与"所有事情。能让这些孩子感受到上帝赋予他们的使命吗？从《圣经》中我们知道，一

---

① 《新纪元报》（*New Era*），"问与答：提问及回答"，1997年1月，第17页。
② 《教义与圣约》，第4章，第2节。
③ 同上。
④ 同上，第58章，第27节。
⑤ 同上，第27—28节。
⑥ 《他们蕴藏的力量》（*For the Power is in Them*），尼尔·A.麦克斯韦（Neal A. Maxwell）编，前言。

些人对于自己的使命是非常敏感的，他们从小就开始有了生活的使命感。尼腓就是这样的一个人，他从幼年起就有着强烈的愿望来追随上帝："我，尼腓，虽然年轻，但我有着强烈的愿望去探寻神的奥秘，所以，我请求耶和华，请求他来提点我。"①

---

① 《尼腓一书》（*1 Nephi*），第2章，第16节。

第五章

坚持力

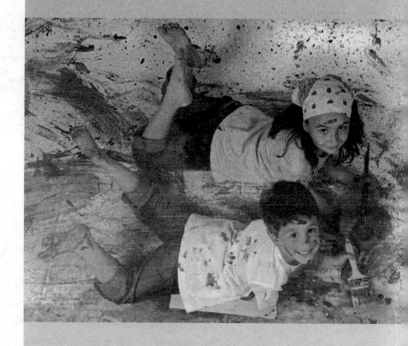

顽皮的孩子是天才

　　如果不是因为坚持不懈，许多事情就不会实现。如果托马斯·爱迪生放弃了前100次失败的实验，他就不会发明电灯泡。

白天的忙碌过后，孩子们上床睡了，大人们正坐在沙发上享受安静的时刻。突然，轻轻的脚步声打断了他们的独处。一张小脸在楼梯口偷看着他们。"能和我一起睡吗？"两岁的孩子问道。妈妈耐心地拥抱并亲吻他后，把他抱回床上。可是当她刚坐回沙发，这张小脸又出现了，再次询问："能和我一起睡吗？"妈妈温柔地抱着他，又坚决地把他放回了床上。

　　"妈妈，我想你和我一起睡。"这一次还没等她完全坐下来，孩子就开始说了。妈妈开始没有了耐心，但还是把孩子放回床上，而且为了使他留在床上，又唱了一首摇篮曲。两分钟过后，他不再盯着楼梯看了，他又说道："妈妈，我想要你和我一起睡。"妈妈忍住自己的不耐烦，不太温柔地把他迅速放到床上，对他说："不行。"但妈妈在离开房间前承诺，明天会陪他一起睡觉。

　　在之后的45分钟里，这位妈妈没能得到安宁，因为战争还在进行。无论她说什么，都无法说服她的儿子待在自己的床上。她尝试了一切自己过去读过和听过的关于如何训练孩子待在床上的方法。她甚至生气，小声训斥，还打了孩子屁股。她使出浑身解数，却毫不奏效，于是把孩子交给了爸爸，他通常能让儿子顺从。爸爸的威胁只奏效了5分钟，儿子又开始坚决地说道："妈妈，和我一起睡！"在和两岁儿子的顽强决心和坚持斗争了一小时后，父母双双挫败，最终结果是，妈妈和孩子一起躺到了床上，儿子很快就睡着了。

父母从心底里惧怕一个词："固执"，因为固执经常等同于违抗。顽皮宝贝有时候会很固执。通常他们不会简单地因为你让他们做而去做某些事情，相反，

他们经常会因为别人让他们做某事而拒绝去这样做。

顽皮宝贝经常被认为是固执的、意志顽强的、对立的、任性的、反叛的甚至挑衅的。你的孩子总是很固执，常常会站在父母的对立面，不认同你认为的最好方案或者东西。这种特性在你们的力量斗争中发挥了重要的作用，也是父母经常失望的主要根源，因为父母总认为，他们必须暴力激烈地迫使自己顽固的孩子去遵循所有指令。

你知道我们的意思，当你的孩子决定要把大叉子时，你也应该有过类似我们的"餐具战争"的经历。他想要特定的某把大叉子，而不是随便一把大叉子，就算他要饿死了，也宁愿不吃东西，直到他得到他想要的那把大叉子。你就想看看这把不锈钢叉子有什么重要性，拒绝被这种毫不重要的事情所命令。你心里想，他应该感激他所得到的任何食物！要是你小时候敢这么做，绝对讨不到什么好果子吃。可是你的孩子，就像一块30磅搬不动的花岗岩一样坐在餐桌旁。在20分钟的战斗后，你丢弃掉自尊，从洗碗机里取出那把脏叉子，亲手洗干净。你把它呈给"陛下"，然后他又开始抱怨他的食物凉了。

经常与固执的孩子发生不可避免的斗争，有可能会使他们建立起反抗的行为模式，这种模式有可能会使他们以后离你越来越远。你一定不希望，当你第一次意识到你的儿子是个青少年时，你已经用这种错误的方式和他相处并且使他与你疏远了。不久前，我们听到了一个新的宣传标语：强迫符合。我们知道有个听你话的孩子挺吸引人的。但是，难道我们真的想要强迫我们的顽皮宝贝服从我们吗？在这发生之前，战争就会爆发。

然而，顽皮宝贝也需要学习服从。在这种生活中需要学习服从。我们的挑战在于，告知他们服从的重要原则，不要走极端，强迫我们的孩子认同或者强迫他们远离我们的保护。

在餐具之战中，会很自然地使用像固执的、倔强的、对立的、不改变的、任性的、故意的、顽固的这样的日常称呼。此时要你认为你的孩子是坚持不懈的、坚决的、有决心的、不屈不挠的、坚定不移的、经久不衰的和下定决心的，就比较困难了。当然，后者才是令人钦佩的正确的积极品质。从现在起，我们要使用"坚持不懈"这个日常称呼来代替"固执"。

我们知道，和一个坚持不懈的顽皮宝贝生活太不容易了。你即使知道这种品质在你孩子的一生中会是很有价值的资产，但是开始时的坚持也是很有挑战的。即使是婴儿，这些孩子也是非常坚决强劲的。当你反对他们的意愿时，这些孩子会让你感觉到他们强烈的愤怒。他们的意愿和要求多于其他孩子。他们从不放弃，时刻准备好战斗。但是，顽皮宝贝并不是故意要这样惹你生气的，他们生来就是这样的。

很多时候，当顽皮宝贝被告知要做什么时，他的第一反应会是强烈的反抗。这种天生的反抗精神是好还是不好呢？让我们看看经文中一些有关反抗的故事。第一个是法老（Pharaoh）和摩西（Moses）的故事。在这个案例中，法老拒绝了先知摩西给他的指示。尽管有很多神迹表明，法老还是顽固地拒绝服从。最后，法老不仅失去了他的王国财富，还失去了他的第一个儿子。

然后是约瑟（Joseph）和波提法（Potiphar）妻子的故事。波提法妻子想说服约瑟犯下滔天罪行。《圣经》中说："她一天一天地，每天都对约瑟说……但是他不听从她的。"[1]一天，波提法的妻子和约瑟单独待在房间里。约瑟被自己的衣服缠住，她想因此强迫他听从她的意愿，约瑟把衣服挣脱，自己逃出去了。[2]这两个男人都表现了反抗精神，但是法老是拒绝服从神，而约瑟却抵挡了作恶的诱惑。反抗可好可坏，取决于你所选择的道路。

把顽固转变成坚定

坚持不懈和倔强顽固的差别经常是，前一个来自强大的意愿，另一个来自强

---

[1] 《创世纪》（*Genesis*），第39章，第10节。
[2] 同上，第12节。

大的不愿意。[①]在这里，这个强大的意愿表示我能，我会成功，我会得到。

倔强的另一面是坚持不懈。拿破仑说："胜利属于最坚韧的人。"[②]我们都知道，如果不是因为坚持不懈，许多事情就不会实现。如果托马斯·爱迪生放弃了前100次失败的实验，他就无法发明电灯泡。在杨百翰大学（Brigham Young University）的格兰特演讲比赛上，罗德里克·L.卡梅伦（Roderick L. Cameron）和劳伦斯·R.弗拉克（Lawrence R. Flack）讨论了如果一个人愿意付出坚持的代价，他一生中能完成多大的事业？但是，他们问道："有多少人愿意付出这个代价？"我们绝大多数人都是三分钟热度，有始无终。甚至，我们会很容易在第一个失败的迹象显露后就放弃。很多人愿意尝试一遍，很少的人愿意做一百遍，但是有多少人会持续做同样的事一千遍呢，甚至是只要需要，就坚持到他们成功呢？[③]顽皮宝贝就会持续不断，坚持尝试，甚至让我们惊叹发疯。

试想一下，一个孩子，他就是拒绝接受"不"这个答案。许多孩子都放弃后，他还是一直坚持，即使他一个肯定答案都没听到，他也毫不气馁。然而，如果偶尔，他的父母投降退让了，那么这个孩子是顽固的还是坚持不懈的？如果一个成年人在他的职业生涯里拒绝承认失败，并且最后获得了成功，那么他会因为他的坚定决心而被称赞。从这个角度来看，坚持这个品质应该被父母直接消灭（就像许多父母会做的那样）还是正确引导？

无论我们是否喜欢，今天的世界到处都是这种性格的人。我们可以帮助他们发挥自己性格的特长——这种特性是有价值的，或者我们也可以尽力摧毁他们天生坚持不懈的品质，把他们塑造成完全服从的后代。如果我们不帮助他们去引导这种品质，以后他们就可能用这种坚持不懈来抵抗正义。

在过去的几年，"永远，永远，永远也不要放弃"这个短语被当局频繁

---

①《思想新词典：引语百科全书》（*The New Dictionary of Thoughts: A Cyclopedia of Quotations*），特赖恩·爱德华（Tryon Edwards）等编，第478页。

②同上，第477页。

③《杨百翰大学年度演讲》（*BYU Speeches of the Year*），罗德里克·L.卡梅伦（Roderick L. Cameron），劳伦斯·R.弗拉克（Lawrence R. Flack）编，格兰特演讲比赛，1964年12月1日。

使用。老博伊德・K.帕克（Boyd K. Packer）第一次在精神层面使用过这个短语，①但是，温斯顿・丘吉尔（Winston Churchill）创造了这个短语。在他的"永远，永远，永远也不要放弃"讨论会上，老约瑟・B.威尔斯林（Joseph B. Wirthlin）讲述了温斯顿・丘吉尔重返儿时学校的故事。"在他到来之前，校长对学生说：'我们这个时代最优秀的英国人即将来到我们学校，我希望你们所有人都带着笔记本来。我想要你们记下他说的话，因为他的演讲会值得你们一生铭记……'丘吉尔站起来说了如下几句，这也是他曾在国会上做过的演讲。他说：'永远，永远，永远也不要放弃。'然后他就坐下了。这就是那个演讲，那个无与伦比的演讲。"②

然后，老威尔斯林接着说："坚持不懈是一种积极正面的特性。不要懒惰而被动地等待和期望好事发生。"③坚持不懈可以成为一种积极的特性。这些无法抵抗的、强烈地坚持不懈的孩子需要知道，我们赞成和认可他们的坚持不懈。尽管反对在这个社会中是一种可贵的东西，但是我们需要对此坚定不移。

如何坚持不懈

"如果有人说某人'倔得像头骡子'，那么他一点也不懂骡子……如果你无法让骡子去做你想让它做的事，那不是它倔强，只是它比你更聪明。"④我们要如何坚持不懈，而且避免让自己显得比别人蠢呢？

---

① 《少尉》（*Ensign*），博伊德・K.帕克（Boyd K. Packer）编，"从你开始，从你的家开始"（"Begin Where You Are-At Home"），1972年2月，第69页。

② 《少尉》，约瑟・B.威尔斯林（Joseph B. Wirthlin），"永不放弃"（"Never Give Up"），1987年11月，第9页。

③ 同上。

④ 《后期圣徒教会新闻》（*LDS Church News*），格里・阿万特（Gerry Avant）编，"刺激的岛屿旅行之骑骡"（"Mule Rides Filled with Thrills for Isle's Tourists"），1997年2月8日，第29页。

选择你关注的树木

顽皮宝贝经常把与他们意愿相悖的指示看作是削弱他们自由的限制。他们想为自己做事，想自己做选择，不想被强迫做任何事。有时候，你可能会觉得自己像个教官。每隔五分钟，你就会厉声地对你的顽皮宝贝说话，而每句话都以"不""停止"或"不要"开始。每天面对一个坚持不懈的顽皮宝贝，即使最友好的父母也会发现自己陷入了"不，你不能"的深渊。这种回答，就是你每次与孩子互动中负面的自动答复。

在S.迈克尔·威尔克斯特（S. Michael Wilcox）的书《不要与羊跳跃》（*Don't leap with the sheep*）中，他讨论了"不，你不能"与"是的，你可以"这两句话的态度差别。在伊甸园中，我们知道了撒旦如何利用自由和约束，来使人类的孩子盲从于他。撒旦第一次对夏娃说的话表现了他的愿望，想使所有我们可以自由享受的美好事物蒙上薄雾，想让我们关注那些被禁止的事情："神岂是真说，不许你们吃园中所有树上的果子吗？"（《摩西》（*Moses*）第4章，第7节）……他想让夏娃只关注那些已经被禁止的树。撒旦想让我们关注我们未拥有和不能做的事。[1]

撒旦的选词暗示了，夏娃并不是完全自由——她被禁止做一些想做的事。撒旦建议她，规则、戒律、政策、忠告和法条等都是对自由的限制，因此，我们有权利反对这些事。

威尔克斯特将撒旦与上帝在同等情况下说的话进行对比。在伊甸园，上帝解释道："园子里每棵树上的果实，你可以随便吃，但是分辨善与恶的智慧之树上的果实不能吃。不过，你可以自己选择，因为这是上帝赐给你的。但是要记住，我是禁止这个的，因为在你吃的那一天，你也必死无疑。"[2]"注意，上帝用了一种积极的方式宣布了他的戒律。亚当和夏娃可以吃很多树上的果实，只有一棵

---

[1] 《不要与羊跳跃》（*Don't leap with the sheep*），S.迈克尔·威尔克斯特（S. Michael Wilcox）编，第15页。

[2] 《摩西》（*Moses*），第3章，第16—17节。

被禁止的，而且是有充分的理由的。上帝指示中的关键词是'每'。他们可以享受每棵树，那么禁止一棵树看起来就不那么约束了。"[①]

如何坚持不懈，第一种方法是，帮助你的顽皮宝贝关注正确的树。他会自然地关注到"被禁止的树"，但是你要帮他看到还有很多被允许的树。这也可以帮助你摆脱"不，你不能"，从而自主转变成"是的，你能"的心态。你可以帮他发现他能做的事，而不是总是自动告诉他不能怎么做。这不是要你期待你的孩子会一直认同，停止挑战你的权威，而是要你给他指出他能做的事情。

牢记你想要的结果

当你发现自己快要与坚持不懈的孩子进入僵局时，在开战前先等一会儿。不要仅仅因为孩子敢挑战你的权威而和他争论。顽皮宝贝不是一心就想激怒或控制你，这只是他的处事方式。你需要时刻牢记自己的目标——你最终想要的结果是什么？

当老达尔林·H.奥克斯（Dallin H.Oaks）在阐释终极永恒的目标与短期目标的差别时，他谈论过这个，并提出了实现它们的方法：

> 如果我们太专心专注于我们近期的方法或目标，我们就会忘记我们的永恒目标……如果我们这么做，我们可能忘记我们本应去的地方而停留在原地。我们要提升我们的位置，并不是通过远离死亡，飞得更远更快，而是朝着正确的方向理智前进[②]。

上帝也给了我们相同的建议。"在我的面前正直做人，时刻想想你们最终的

---

① 《不要与羊跳跃》，S.迈克尔·威尔克斯特编，第15页。

② 《少尉》，达尔林·H.奥克斯（Dallin H.Oaks）编，"重大事件"（"Weightier Matters"），2001年1月，第13页。

救赎。"①如果我们想要达到最终目标，我们需要从启程之时就牢记我们想要的目标，我们需要考虑结果。仅仅通过疯狂地随意消耗能量，是无法实现我们的目标的。我们必须朝着正确的方向努力。

当你面对与顽皮宝贝即将爆发的斗争时，道理也相同。很多时候，我们疯狂地进入战场，仅仅是因为我们希望坚持我们的方式，而孩子也想要坚持他自己的方式。这就会成为意愿的战斗，在这场战斗中，似乎输赢比结果更重要。但是，你要记住，不要让这种较量蒙蔽你，使你看不到最终的目标。时刻牢记你想要的结果。换句话说，什么是关键？在这种情况下，你想得到什么样的最终目标？

例如，在漫长而忙碌的一天的最后，你终于围捕了你的孩子们，让他们穿上睡衣。但是，你的顽皮宝贝却断然拒绝穿上睡衣。为了孩子们的健康，也为了你能休息会儿，他们需要去睡觉，而且现在就去。你尝试哄骗他穿上睡衣，没有成功。他想穿着他现在穿的衣服睡觉，就这样。你有两个选择。你可以抓住孩子，把他按到地上，即使他又踢又尖叫，还是强行给他换上睡衣，然后把他放到床上，这样的结果就是你的心情变得很糟糕，孩子的心情也同样糟糕。或者，你可以投降，让他穿着现在的衣服睡觉。但是，我感觉这两个都不是好方法。

在这种情况下，什么才是我们想要的最终结果呢？终极目标是让你的孩子穿睡衣还是让他睡觉？他一定要穿着被贴上"睡衣"标签的织物睡觉吗？这真的有必要吗？如果期望的结果是让你的孩子上床入睡，那么只要他愿意睡觉，他身上穿什么衣服有那么重要吗？如果你时刻牢记你想要的结果，那么你可能会让你的孩子穿着他的衣服睡觉，或是挑一件可能更加舒适的衣服。这样你就避免了一场较量，你的孩子也安心入睡了。这样很糟糕吗？

在教堂上课又是怎么样呢？你可能有一个不愿意待在自己椅子上的顽皮宝贝。但是，上课的目的是让孩子坐在椅子上，还是学习福音、感知上帝？作为一名教师，也许那天你会让你的学生坐在地板上，而不是看着你与一个顽皮宝贝进

---

① 《教义与圣约》，第46章，第7节。

行较量。一定要时刻记住想要的结果。

时刻记住你想要的结果，并不意味着你总是要妥协。有时候，你要成为那个坚定不移的人，因为是你的立场促进最终结果的实现。我们只是尽力告诉你，有时候，说句"好的"是完全可以接受的。有时候，鼓励顽皮宝贝对事情坚持不懈，对他是有利的。有时候，你是可以屈服妥协的。你这么做，还可以告诉孩子，灵活性很重要。你的孩子通过观察你而学习。你希望自己的顽皮宝贝长大后成为一个跟父母一样，永远必须按照自己的想法来做事的人吗？我们必须既给他们树立权威，也要身体力行教他们如何合作。

忽视或分心所带来的问题

当他们变得沮丧、愤怒或不接受你对他们想做的事时，传统的育儿智慧会建议忽略孩子或者尝试让孩子分心。这招可能对其他孩子会管用，但坚持不懈的顽皮宝贝是不会让你忽视他的。例如，当你年幼的孩子在夜里反复醒来，许多权威部门建议你让他自己在床上哭着睡觉。理论是，他每次都会少哭一点并最终学会安慰自己去睡觉。这是在假设孩子最终会停止哭泣的基础上。然而，一个坚持不懈的顽皮宝贝可能会哭得越来越卖力，直到使自己变得歇斯底里。曾经就有一个母亲尝试以上这个方法，让她的儿子每晚连续哭上两个小时，在经历一连串艰难的晚上后，这位母亲放弃了。

即使有可能，要让这些孩子分心也很难。他们会像鳄鱼一样，咬定一个想法，拒绝放弃。下面有个蹒跚学步的孩子一心想爬摇椅的故事，可以充分表明试图转移一个顽皮宝贝的注意力是徒劳的。他的祖母已经坐在椅子上了，但这并没有阻止他。他只是用他的腿去爬进她的怀里，不是想要抱抱，而是想用祖母当作梯子，以便自己爬到椅子顶部。祖母一次又一次地把他放回地板上，但他一次又一次地爬上她的腿。最后祖母离开了她的座位，她以为当她的人梯消失他就会停止。这一策略并没有奏效。他立即冲到椅子上。祖母每把他移走一次，他就立即返回一次。他绝不放弃。几次之后，祖母被发生在房间里的其他

事情分心了。几秒后，当祖母的注意力又回到了这位已经达到目标的攀岩者身上时，他正朝着椅背仰头玩呢。尽管一再努力，大人们也无法使顽皮宝贝从他的目标上有丝毫分心。

顽皮宝贝知道自己想要的是什么，直到他达到目的或者发现更好的东西，他才会善罢甘休。试图去忽视那些坚持不懈的孩子直到他们自己放弃，或者试图去分散他们对目标的注意力，都是没有效果的。当所有尝试都毫无作用时，大人们就会变得沮丧，有时他们会屈服妥协，仅仅因为他们不知道该做些什么。与永远、永远、永不放弃的孩子对抗是枯燥无味的。

有时候，要停止这种战斗，第一步就是花时间倾听我们的孩子。这并不意味着你要保持沉默直到轮到你辩论，而是说你要从里到外、积极地注意你的孩子说的话。带着理解的目的去倾听，并告诉你的孩子，你关注他在这件事情上的立场。

好的，你停下手上正在做的事情，积极地倾听你的孩子。现在，你是要坚持握紧你的枪还是放弃呢？很多人都建议父母应该坚持到底、毫不退让，否则你的孩子就会知道他可以操纵你。然而，当面对毫不动摇的顽皮宝贝时，这一立场不一定是必要的。有时，更好的回应是与他谈判。

谈判

等一下！作为一个负责任的成年人，你不会与孩子进行谈判，对吗？我们大多数人都是伴着这样的想法长大的，那就是：试图与父母交谈协商就是顶嘴。妈妈告诉我们要做什么，尽管你对这个问题有意见，但你还是要这么做，因为她是权威。然而，性格坚持不懈的顽皮宝贝是不会仅仅因为权威怎么说而做某事的。这个孩子会争论并试图协商以使自己如愿以偿。

《兰登书屋词典》（*The Random House Dictionary*）将"谈判"这个词定义为：通过讨论或妥协达成一致，以令人满意的方式找到一种方法或通过（一个障碍或困难）。[1]每个人都是一个谈判者，每一天每个人都会谈判一些事情。当我们制订家庭度假计划时，我们会谈判；当我们与配偶讨论晚餐去哪里吃，或者去看什么电影时，我们也会谈判。你可能认为这不是谈判，但它确实是谈判。并不是所有的谈判都涉及与狡猾的对手进行权力斗争来抢夺职位。

在《不妥协，用谈判达成一致》（*Getting to Yes, Negotiating Agreement Without Giving In*）一书中，作者罗杰·费舍尔（Roger Fisher），威廉·尤里（William Ury）和布鲁斯·巴顿（Bruce Patton）探讨了谈判的传统方法。在我们成长的时代，有两种谈判方式：柔软的和强硬的。柔软的谈判者希望避免冲突，通常会诸多退让，不会计较，他们的目标是达成一致；而强硬的谈判者是硬着颈项、顽固的谈判者，他们的目标是一方受益，获得胜利。传统的谈判通常会产生一个赢家和一个输家。[2]

一天晚上，你的孩子在吃饭时说："我不吃绿豆。"你回答道："你要吃掉他们，否则你要回房禁闭，直到你准备吃掉它们。"这些话会立即把你和孩子锁定在两个相对的立场。你们越试图说服对方，强调自己坚持立场不动摇，事情就会演变得越困难，就会从营养问题演变为一场意愿比赛了。如果你不强迫孩子吃绿豆，那么他就赢了，你输了。如果他去他的房间，那么你就赢了，他输了。但此时，比蔬菜更重要的一件事情受到了影响：你们的关系。费舍尔、尤里和巴顿向我们介绍了一种新的谈判方法，称为"原则谈判"。[3]这个方法用价值而不是通过关注每一方做什么或不做什么的讨价还价过程来决定问题。你应该更多地关注问题本身，而不是彼此的立场。

原则谈判改变了这场游戏。你不再陈述立场，不再视对方为对手。在原则谈判中，你与这个问题斗争，而不是与你的对手斗争，你们一起解决问题。你们的

---

① 《兰登书屋韦氏大学词典》（*Random House Webster's College Dictionary*），"谈判"（"negotiate"）。

② 《不妥协，用谈判达成一致》（*Getting to Yes, Negotiating Agreement Without Giving In*），罗杰·费舍尔（Roger Fisher）等编，第2版，第13页。

③ 《不妥协，用谈判达成一致》，罗杰·费舍尔等编，第12页。

目标是达成一个令人满意的结果。你们会一起关注利益，而不是关注立场。使用客观标准，一起寻找实现共同利益的方法。你们专注于共同利益和想法，这样你就可以与你的孩子发展一段包括团队合作和找到双赢解决方案的关系。

当你把自己锁定在某个立场，要有一个理由：你想要获得一个利益或者满足一项需要。对大人来说，这一点很难时刻牢记，那就是坚持不懈的顽皮宝贝坚持自己的立场，挑战你的权威，他也有自己的理由。在原则谈判中，我们试图解决根本原因，而不是关注所产生的结果。换句话说，我们需要关注利益，而非立场。

明确利益最简单的方法就是问："你为什么不想吃绿豆?"在你的孩子回答后，再告诉他你为什么想让他吃绿豆。找出原因后，就会发现这一问题的利益或需要。如果你的孩子还太小，不能清楚地表达自己，你可能要做一点侦探工作去发现他的原因。问一些"是"或"否"的问题，并试图猜测他的原因。"你不喜欢绿豆吗?你肚子饱了吗?你想要先喝一杯水吗?还是你想要玉米呢?"虽然弄清楚他的利益需要时间，过程并不容易，但你这也是在告诉你的顽皮宝贝如何使用语言来表达自己。一旦你在紧要关头了解了潜在的利益，你们就可以开始朝着一个共同的解决方案努力了。

然而，在协商出解决方案之前，我们需要强调期望和规则之间的差异。规则通常是严肃的指南，涉及安全或绝不接受的行为，而预期则往往是偏好或者惯例。预期，例如"绿豆总是搭配意大利面"，或者"离桌之前你必须吃掉你的蔬菜"，是可协商的。另一方面，规则是指那些设定严格、不可协商的方针，如"我们不能打兄弟姐妹"，或者"没有成年人陪同，不能过马路"。在寻找解决方案前，提醒你的孩子现有的规则和期望。也许在规则里你就能找到解决办法，而不需要继续寻找答案。

要让人们改变自己的立场确实很花时间，尤其是对于坚持不懈的孩子。当我们自己匆匆忙忙，不允许我们的孩子有额外的时间去逐渐改变立场时，就会发生冲突。在这种情况下，我们需要给予他们所需的时间。我们的经验表明，这样下去，你会与你坚持不懈的孩子浪费更多的时间。

走出自己的立场，跟你的孩子聊聊。陪伴着他，并向他展示你是如何解决问题的。同样很重要的一点是，你要告诉他，尽管你很失望，但是你能接受。坚持不懈的顽皮宝贝非常关心自己的立场，他需要知道灵活变化也是可行的。

在你拿出时间走出自己的立场后，与你的孩子一起动脑筋寻找解决方案。想办法实现你们俩共同的利益。头脑风暴的本质是，任何事情都可能发生。在头脑风暴中，所有想法都很重要，没有什么想法是愚蠢的或者需要被抛弃的。这会让你的孩子看到，确实有很多让你们都成为赢家的实用解决方案。选择其中一个解决方案，试一试。在我们的绿豆示例中，一个可能的解决方案就是，每隔一天，你可以在准备晚饭前让你的孩子选择他想要的蔬菜。

原则谈判的最后一步是，在之后评估你所选择的解决方案。你可能会发现，你的新解决方案可能比旧问题还糟糕。讨论一下，看看这是否为一个可行的解决方案。如果不是，再来一次头脑风暴。选择一个不同的解决方案，稍后再试一试，然后再评估。不停地进行调整，直到你找到最好的答案。

"偶尔说句'好的'，允许我们的孩子尝试一个新的想法或想出问题的解决办法，这并不是放弃我们作为父母的权威。事实上，能够意识到他们是很好的问题解决者，这对坚持不懈的孩子来说是一个重大突破。这会帮助他们在开始前就停止抗争。"[1]寻找方法一起说"是的，你可以"，这可以教会坚持不懈的孩子去考虑他人的需要，去友好地解决问题，并做出每个人都可以接受的决策。更好的是，这样的谈判不会产生彼此意愿的抗衡，也不会破坏你们之间的关系。我们的孩子比绿豆更有价值。

许多成年人，包括你的亲属，可能不是很熟悉"原则谈判"，可能对此妄加评论、投来震惊的目光或者对你的方法颇有微词。忽视他们中的大多数，但让你最亲密的朋友和亲戚知道你不会放弃你的权威，也不会让顽皮宝贝彻底击败你。

---

[1]《抚养精力旺盛儿童》，玛丽·西迪·柯尔辛卡编，第99—100页。

向他们解释，你是故意要选择同你的孩子合作。你正在教他重要的生活技能。你正在认识你的孩子天生坚持不懈的品质，并教他们如何使用它。你在帮助他们，也在帮助自己越来越认同坚持这种品质。

坚持不懈的父母

通常，坚持不懈的顽皮宝贝会有坚持不懈的父母。我们都知道，所有的成年人都是坚定不移、不屈不挠、非常固执的。也许你自己也在这个名单上，当坚持不懈的父母遇见一个同样不可动摇的3岁顽皮宝贝时，就会擦出火花。有时，为了避免战斗，我们必须做灵活变通的那一方。我们的年龄积累了更多经验，这能帮助我们保持正确的观点。但当你在为选择什么银器或睡衣而陷入激烈的冲突时，有时很难记住我们自己才是那个需要屈服妥协的人。

祈祷你可以在盛怒之下拥有智慧。避免"把你的孩子摔到地上，强行让他刷牙来证明你是负责的"的时刻。

我们需要坚持不懈

第30任美国总统约翰·卡尔文·柯立芝（John Calvin Coolidge）说过：

> 在这世上没有什么能代替坚持这种品质：天赋不会——没有什么比有天赋但失败的人更常见的；天才不会——"泯然众人矣"几乎都成了一个谚语；教育本身不会——世界上充满了受过教育的无用之人。只有坚持和决心才是万能的。"迎难而上"这个口号已经解决了并且还会解决人类种族的各种问题。①

---

① 《引语》，约翰·卡尔文·柯立芝（John Calvin Coolidge）编。

　　这个世界需要有信念的人，有目标的人。更重要的是，我们需要尽管受到邪恶的猛击也屹立不倒的人。在一个区域代表研讨会上，艾兹拉·塔夫特·本森（Ezra Taft Benson）说过："在很多年前，在救世主来到这个地球之前，先知以诺（Enoch）看到了后期的日子。他观察到了这个时候在地球上日益猖獗的强大的邪恶，并预言了由于邪恶而带来的巨大磨难。"①现在这个时代，困难仍在我们面前，坚持不懈将是一种非常宝贵的精神。

　　我们知道这些孩子并不是骑墙族。这不是他们的本性。他们想要进入最激烈的事情之中，仅仅是因为他们不满足于只是坐等事情发展。我们想要这样一个孩子，一旦他的脚走在正确的道路上，不管遇到障碍、困难还是诱惑，他都不会转变方向。顽皮宝贝很幸运，他们已经拥有了很大程度上的坚持、毅力和决心。当一个人已经坚定、可靠又下定决心时，坚持到底会更加容易。我们被告知，那些忍受到底的人就会在末日得救。②这难道不是我们所有人的终极目标吗？

---

　　①《少尉》，艾兹拉·塔夫特·本森（Ezra Taft Benson）编，"现代启示的馈赠"（"The Gift of Modern Revelation"），1986年11月，第79页。
　　②《尼腓一书》，第22章，第31节；《教义与圣约》，第18章，第22节；第20章，第25节；第53章，第7节。

第六章

适应性

顽皮的孩子是天才

　　房地产经纪人说，卖房子最大的影响因素是"位置、位置、位置"。同样的，帮助适应缓慢的孩子处理过渡问题的最大因素是"预警、预警、预警"。

这个夏季，一位外婆陪伴着自己几周后即将临产的卧床休息的女儿。这位外婆在那儿帮这位妈妈做了很多她做不了的事情，其中最重要的就是，照顾她两岁的儿子。这孩子有自己的做事方式，如果他的做事程序被干扰，他就会失控。今年夏天，这个年幼孩子的生活里有一项重要的常规被改变了：他的母亲不能再照顾他了。每次外婆帮助做任何事，她的外孙就会尖叫。一味地让他停止尖叫、踢、打或哭泣只会让他反应更强烈。外婆一次又一次地感受到自己被拒绝了。然后她意识到了，她正在和一个适应缓慢的顽皮宝贝打交道，这个孩子的世界突然完全改变了。

我们生活在一个充满变化的世界里。你的活动和你的环境都在不断变化着。每一天都是从最典型的一个变化中开始的，你从睡觉状态变为清醒状态，然后你洗澡，换衣服，吃早餐，离开家等。每　个变化都被认为是一个过渡，在一天中，你会重复很多次。转换是生活的一部分，不幸的是，顽皮宝贝还不能很好地适应转换。

当你的孩子必须离开朋友家而回家时，你可以理解为什么她哭闹，和你闹别扭。但为什么上车、来到桌子前吃饭或者穿衣服会引起同样强烈的反应？为什么去一个平常不去的银行会引来眼泪?你的新沙发真的威胁到生命吗？为什么当你的邻居清理他们前院的花朵时，你的孩子会伤心？为什么每个早晨你都不得不把你的孩子从床上"拖"起来，把他"塞"到衣服里，强迫他到早餐桌旁吃早餐，把他"拉"到浴室刷牙，然后威胁他以便让他坐汽车？难怪上午9点，你就需要小睡休息一会儿了！

你需要知道，所有的这些情况都涉及变化和转换。顽皮宝贝经常对改变——即使是任何的一个小变化都有着令人难以置信的"接受困难症"。正常的一天包括了一系列的转换，如果你不得不打击逼迫你的孩子去接受每一个转变，那么这一天你们俩就会双双筋疲力尽。这些孩子需要时间和空间来为改变做好准备。

与其他孩子相比，顽皮宝贝更需要流畅的转换。你的孩子不是行为不端或者试图反抗。适应缓慢的顽皮宝贝对于处理似乎以闪电般速度轰炸他的变化是有困难的。常常，你会清晰地看到这个问题，比如当你知道你的孩子心里明明希望参与一项新活动，但仍然用尽所有力量犹豫不决，不去尝试。他想去爷爷的房子，好好地去上学，但仍然需要去学习摔跤，你希望得到他的合作。对你的孩子来说，转换可能永远都不会是小菜一碟，但是你可以学习让他们更容易接受转换的方式。

日常惯例

大多数孩子喜欢可预测性和惯例。然而，尤其对于适应缓慢的孩子来说，遵循惯例是必须的。在一个特定的时间醒来、吃饭、午睡、与朋友玩耍和上床睡觉，顽皮宝贝可以预测将会发生什么，然后为改变做好准备。意外的事情会引发他们强烈的反应，即便是愉快的惊喜。当这些孩子知道什么会发生，他们会更有控制感，可以更容易地过渡。顽皮宝贝在固定的程序中会感到更安全。建立一个惯例流程将会减少你和孩子之间许多有关转变的问题，但是，你也不要指望一切会自动一帆风顺。你将会面临更少的争斗，但是顽皮宝贝还是会不断测试你。

一些人不相信建立一个常规惯例的重要性。他们可能觉得"强迫"自己的孩子遵循时间表过于严格。然而，我们的世界就是遵循时间表来运行的。如果我们不指望企业、公共交通或者航运公司坚持可预测的时间表，社会将会一片混乱。为了运行顺利，有些事情必须是可预测的。同样，为了让你的孩子在社会上获得成功，他也必须学会如何按时间表生活。例如，不习惯固定时间睡觉、起床或者吃饭的孩子可能会发现很难适应上学的生活。学校的每一天都是同一时间开始，同一时间结束，固定午餐时间和休息时间。这也同样适用于工作。一个不能每天保持按时上班的成年人会发现自己很难适应大多数的工作。

反对常规惯例的另一个论点是，你失去了灵活性。有多少人想要中途停止一些事情，就因为孩子可以午睡？整个生活都围绕着孩子的时间表，一些家长可能会对此感到不满。但是，拥有一个固定的常规惯例并不意味着你成为孩子的时间表的奴隶，也不意味着你永远不可能再随性了。你只要尊重你的顽皮宝贝拥有一个可预测的时间表的需求即可。存在常规惯例的日子，也会有特殊例外的日子。在常规惯例的日子里，尽你最大的努力来围绕计划组织你的活动。合理地安排做事的固定时间。你不必准时在正午吃午饭，与计划时间相隔几分钟是可以的。在特殊例外的日子里，例如发生特殊的事件，你的常规惯例可能会被抛到脑后，但是，仍然会有一些事情，可以帮助你的孩子拥有自己的掌控力。

你要意识到，没有绝对的或严格的时间表，因为每天都会有些不同。我们的目标并不是在日程表里设立绝对的规律，让每一个事件发生在每一天完全相同的时间。但是，适度合理的规律性和一致性会给你带来合理的灵活性。一旦你体会到让你的孩子在可预测的时间表下完成事项的平和，当你偏离这个时间表时就会感觉有点儿像龙卷风来袭。你可能会自愿选择尽量减少那些"龙卷风"的日子。

如果你的孩子拥有异于常人的天性

如果你的孩子天生就遵照日常计划，那么拥有常规惯例是很容易的。如果他每天从不在同一时间饥饿或者疲惫，那么事情会困难一些。在身体的需求和功能方面，有些孩子要比其他人更有规律。如果你的孩子不是一个天生的"时间人"，那要怎么办呢？

一些顽皮宝贝不会自动设定自己的可预测时间表。第一天他们会小睡4个小时，第二天他们可能根本不睡。很难预测他们什么时候会饿，会吃多少食物或者

他们早上什么时候会起床。你不知道会发生什么事情，因为你孩子的身体节奏似乎散布在各处。对于这样的一个孩子，可能需要花费几年的时间让他安睡一整夜，这会让父母睡眠不足，感到疲惫和沮丧。

天生就没有规律性的孩子并不是存心尽力想使家庭生活心烦意乱，他们不是存心执拗的。只是他们的身体不太容易找到一种可预测的节奏。你不需要担心是你在培育孩子的过程中做的改变使他们更不容易预测。不会因为你的孩子不会像他的堂兄弟一样每天晚上在同一时间自动入睡，你就成了一个糟糕的父母。你们可以一起找到方法，帮助他适应时间表，这会帮助他在充满规则的世界中生存下来。他们的不一致性需要父母额外的耐心和创新的解决问题的方法，尤其要从那些遵循时间表的人身上学习。

不管你信不信，一个有规律的日程也可以帮助这些孩子。当你有一个规律的睡觉时间，例如每晚都给出相同的暗示来帮助你的孩子适应家庭计划。你要明白，要变得富有计划和规律，可能不是一件容易的事。无规律的孩子可能最终会适应规律日程，但他自己不一定会变成一个有规律的人。他会坐在桌子上和家人吃饭，但是有时候尽管每个人都吃了饭并且把所有的菜都吃完了，他也不会饿。他可能晚上都在同一时间上床睡觉，但他不会总是在同一时间入睡。

如果你自己是这样的，你的孩子不定时的特性可能不是一个问题。你只需要确保你提供了足够的规律性来帮助你的孩子适应学校的时间表。要在学校获得成功，你的孩子需要足够的日常休息和营养。你要意识到，适应缓慢的孩子甚至是不规律的孩子，都会对计划性做出积极的反应。如果你对顽皮宝贝的不规律感到沮丧，记得每天使用积极的名称。这些人可能会天生适合那些需要临时时间或调班的工作。医生、护士、消防员、警察、飞行员和守夜人的时间表肯定不规律。

预先警告

　　房地产经纪人说，卖房子最大的影响因素是"位置、位置、位置"。同样的，帮助适应缓慢的孩子处理过渡问题的最大因素是"预警、预警、预警"。你的孩子需要时间去调整过渡，无论是去睡觉、去商店、送朋友回家、吃午饭、拥有夜间保姆或者是在冬季开始时改变床上用品。你需要通过预先警告来给他时间。让你的孩子知道会发生什么事，这会在改变前给他先行一步的优势。这会帮助他对于接下来要发生的事情拥有一个清晰的概念：你要去某个地方，你会在多久后到达，谁会在那里，你会做什么等。

　　每个顽皮宝贝都是与众不同的，所以你需要针对不同的宝贝尝试不同的预警方式。对于大变化，比如即将到来的假期，搬到新房子或者即将拥有一个新兄弟，都需要一些策略。如果在数天或数周前预警，一些孩子会做得更好。而另一些孩子，如果给他们的准备时间太长，他们反而会变得歇斯底里。对于正常的日常转变，我们可以先五分钟提醒一次，然后两分钟提醒一次，然后一分钟提醒一次。这会给我们的顽皮宝贝一个计时，提醒他什么时候会发生变化。你还可以使用时钟来帮助你的孩子查看时间，例如，"当时针指向6，我们将离开。"这里有更多关于如何预警的例子：

　　再过五分钟，将是……的时间

　　这个节目结束后，我们将……

　　再过两圈，就轮到珍妮……

　　这首歌之后，我们需要……

　　当爸爸回家后……

　　你可以玩两分钟玩具，然后约翰玩两分钟……

　　今天放学后，我们将去……

　　朋友们在两分钟之后回家……

　　星期三你约了医生……

看看时间，试着精确描述过渡转变的地方，然后警告你的顽皮宝贝接下来会发生什么。这种策略的精彩之处在于它可能使其很快成为你的第二天性，随着时间的推移，你会预警他将来的过渡转变，你的孩子会感觉很安全。但是，不要指望你的孩子只是因为你警告他即将到来的过渡转变就总是优雅地停止他所做的事情。他内心仍然是一个情绪强烈、坚持不懈的顽皮宝贝。

你可能觉得你一整天都在为这个适应缓慢的孩子倒计时中度过了，你可能没有意识到，作为成年人，我们也是这么做的。一天中你检查你的手表或时钟多少次，来计算自己直到必须做某些事前还剩多少时间？虽然你和你的孩子做的事没有这么复杂和明显，但是从本质上来说，你想的就是"到开饭还有五分钟"或者"到我的约会还有一个小时"。顽皮宝贝只是自己还无法做到这样。

第一个故事中的外婆不习惯预先警告她的外孙。她冷不丁地就把孩子送上汽车，或者当孩子一吃完了饭就清洗他的盘子，从不给孩子提供接下来所发生事情的提醒线索。结果就爆发了激烈的战斗。最后，她意识到了自己需要警告孩子将会发生的转换变化，尽管这起初是一个麻烦，但是孩子的行为与合作能力都得到了提高。他并不总是对抗他的外婆，而对他来说，各种变化也不会不打招呼就来了。

给予孩子他需要的时间

你的日常流程可能很清晰，你也会预先警告你的孩子，但你需要允许你那适应缓慢的孩子有足够的时间。当他们花了很长时间穿衣服或进入汽车时，这些孩子不是在浪费时间。他们只是热身以让自己有时间去适应改变。对于那些不是你正常日程一部分的转变，更多的时间是必要的。尽管它听起来矛盾，但是如果你想要一天里有更多的时间，你就要允许更多的时间为你的孩子过渡。为了你感觉不那么匆忙，可能需要早10分钟起床。如果你想催你的顽皮宝贝，只会等到他用他坚持不懈的性格固执己见。

你可能需要为了你的孩子告诉不理解他的人，他需要热身时间。建议医生与你的孩子交谈几分钟后开始检查。向亲戚解释，你的孩子将在几分钟后给他们一个拥抱，但现在他需要适应这种情况。早几分钟到达学校，给孩子时间进行调整。当你的孩子在一个朋友的家里，提前打电话告诉他，你要来接他。

有一次，一个护士需要在一个年幼的顽皮宝贝的手指上采血样。知道他很紧张，护士决定在他知道发生什么之前快速刺破他的手指。这并没有给孩子时间处理意外，在所有人反应过来前，他扯开护士的手臂，出了门，顺着大厅逃跑。男孩的母亲不得不穿过办公室，追赶她歇斯底里的孩子，把他拖回。在这种情况下，护士本可以聪明点，也许可以通过给他展示不同的工具或解释将会发生什么，预先给孩子时间热身。男孩的母亲也本可以代表她的儿子当个更好的支持者。

找到一个停止点

让你的顽皮宝贝有时间适应变化是帮助他找到一个停止点。孩子做的事对他们来说是重要的，如果他们不被允许完成它，会令他们非常沮丧。想象一下，在你开始的事情完成前，你不断地被叫停。例如，你打电话时被迫说到一半挂掉去吃午饭。也许你正读到一本书的高潮，把书夺走赶你进车里。或是如果你在看一个电视节目，关闭设置，你被要求提前上床睡觉。难道你不觉得也有点心烦意乱吗？然而，我们对我们的顽皮宝贝不断地做着这样的事。记住，你的孩子正在做的事和你正在做的事情对你们同样重要。要尊重这一点，并为你的孩子计划时间再结束他的活动。

通常，预先警告你的孩子即将到来的转变将提供一个结束点。在玩三个捕获后，你孩子的朋友必须回家，这是游戏结束的时候。然而，当你需要开车走时，尽管乐高积木的杰作还未完成，你也需要找到一个停止点，而不是完成活动。起初你不得不帮助孩子找到停止的地方。或许你可以说，"完成这三个乐

高积木后，该停止了"或"完成那面墙后，我们该走了"。并且，向他保证他以后能完成。

很多时候，当你须要他停止时，你坚持不懈的顽皮宝贝并不想停止。能够找到停止点是宝贵的技能。会有不允许一个项目当场完成的情况。在教室里，你的孩子可能在继续前进之前无法完成任务。可能有时，你孩子的车出现了，他必须离开，即使他正在做某事。电话也会在中途打断大型项目。能够找到一个好的停止点，然后返回到下一个任务将使生活更容易。

限制转换的数量

顽皮宝贝一天中只能转换一定次数。如果你超过你适应缓慢的孩子的转换次数，你就可以吻别顺利的一天了。在规划你的一天时，仔细考虑转换的次数。你会去不同的地方多少次？多久会进、出你的车？你会改变多少你的日程？如果你想让你的孩子有一个成功的一天，你必须限制要求他转换的次数。

如果你是喜欢一天内完成全部清单上事情的人，这可能是一个挑战。如果你喜欢在马拉松的一大一次去做你所有的差事，离开你的未完成的列表来迎合你的孩子可能是困难的。当他拒绝上车快速到达商店，要意识到你的孩子未必是困难的。有时他可能刚刚达到过渡限制，并让你知道他根本无法再处理任何转换了。

我们认识的一位母亲意识到她做晚饭时忘加了一份原料。因为有足够的时间快速地去杂货店买到，所以她告诉她的顽皮宝贝，他们将在几分钟内离开。他强烈反对这个主意。过去在类似的情况下，妈妈会生气并迫使她的孩子上车，但这一次她停下来回顾他们的一天。她意识到她的孩子已经度过了忙碌的一天，已经适应了很多转换。所以她问她的儿子为什么他不想去商店。他回答："我不想去其他任何地方。我想待在家里……拜托！"他告诉她，他已经达到了他的极限。她改变了晚餐计划，在剩下的时间他们留在家里，度过了一个愉快的夜晚。为了以一个成功的音符结束今天，解决不同的一餐是一个很小的代价。

有时候很多转换是不可避免的。假期、家庭聚会，或者度假需要额外的计划。做你能做的去帮助你适应缓慢的顽皮宝贝。或许你可以避免乘坐公共汽车而开自己的车，当你的孩子厌倦时，你就可以离开。有时候你可能会需要对一个活动说不，或找到一种方法来交替安静和忙碌的日子，这样你的孩子可以有一个休息。一连串的不同活动对亲戚来说可能不是大事，但对你适应缓慢的孩子来说，这可能是灾难。

了解你孩子的过渡限制并保持在其范围内，将避免很多问题。记住，如果你的孩子累了或饿了，他可能对改变的耐性要比当他休息好和吃饱时少。随着你的孩子成长，他会更好地处理过渡。一个4岁的顽皮宝贝比当他2岁时将能够适应得更好。当你知道你孩子的过渡限制并尊重他时，你的日子会更成功。这须要你有灵活性，但你可以在孩子的限制和自己的需求之间达到一个平衡。

改变计划

改变计划也是一个过渡，尤其是如果在最后一分钟。当它伴随着失望完成时，计划的改变通常是一个更困难的过渡。对任何人失望都是很困难的，但对这些孩子尤其如此，因为他们紧张的情绪可能会压倒他们。

你可以帮助你的孩子学会不蹦起来处理失望，但是这种情感仍真正存在，需要以某种方式被表达。在你失望之前，决定对它做什么，情绪强烈的顽皮宝贝可以节省你的麻烦。对于失望，你选择一个适当的出口可能会有所不同。也许你需要允许你的孩子有一个短暂的爆发，然后解释说，你理解他很失望，你还会尝试如此这般。然后你可以坚定地告诉他，他已经能够表达自己，现在是时候保持冷静了。以这种方式处理失望是认可你孩子的感受，但显示给他，他仍然可以控制它们。

一个简单的方法来减少变化计划带来的问题是等待着通知你的孩子正在发生

什么，直到你确信它会发生。预警和推测是有区别的。许多时候父母会通过提到这样一个念头，"也许今晚我们可以去拜访布拉德的房子"来分散孩子的注意力或者给他们一些期待的事。不要做这样的推测计划，除非你联系过布拉德的父母并确信这是可行的。如果你这样说，顽皮宝贝将确信计划一成不变。然后，如果它不发生，他们会认为计划改变了。在计划确定之前告诉你的孩子可能的计划，可能导致你处理一个心烦意乱的顽皮宝贝的次数会比你需要的多。

你可以帮助你的顽皮宝贝出主意如何应对失望和改变计划。这包括想象和讨论可能发生的事情。"如果我们去上小学而你没有在第一轮被点名会怎么样？""如果电影票卖完了会怎么样？""如果其他孩子不想和你一起玩同样的游戏会怎么样？"问问你的孩子在这种情况下他感觉如何，然后帮助他思考他可以做什么。这将帮助你的孩子看到，他控制着自己的行为，他不是一个下意识地做出反应的奴隶。

在孩子被计划改变惊讶前，一起思考可能的结果，可以帮助他更容易适应，因为他已经有所准备。你已经思考过他会有何感受，他已经有了计划在新情况下该做什么。如果这部电影的票卖完了也不会有什么惊讶。你可能想知道这样做是否将会使你的孩子关注可能发生的可怕的事情。如果你强调的是解决方案而不是问题，就不会出现这种情况。你正在帮助你的孩子预期和准备对他来说可能有困难的情况。

适应能力的重要性

本章的大部分内容是为抚养缓慢适应的孩子提供生存策略。对待这种气质特征，有耐心是很有必要的，但孩子需要拓展一些适应性。时间表是重要的，但是当一些事情发生而搞砸我们的计划时，学习如何处理也是同样重要的，生活中有一个比较灵活的态度是必要的。意外总是抛向我们，我们必须学会如何处理它。

而在本章的最后要讨论的是，对于简单的精神生存，适应能力也很重要。老马文·J.阿什顿（Marvin J. Ashton）说："适当的态度在这个以金融危机为主题的世界里是一笔无价的财产……适当态度的一个重要的要素是弹性，应对变化的能力。适应性可以缓冲改变或失望的影响。当我们调整试验和悲剧时，爱可以是一个伟大的减震器。"①

老阿什顿不仅颂扬弹性的美德，他还给了我们一个关于如何更具适应性的重要线索——爱。通过爱，我们可以帮助我们的孩子适应童年的小试验，然后随着试验的数量增长，我们可以继续爱他们。当我们的生活大幅偏离我们的计划时，在天堂亲爱的上帝的证词可能是最大的减震器和安全感。

顽皮宝贝需要你更灵活的帮助。我们不希望他成长为一个死板和僵化的成年人，变得铁石心肠或硬着颈项。休·尼布理（Hugh Nibley）曾经说过，坚硬和顽固意味着缺乏灵活性。一个简单的缺乏灵活性可以导致不愿悔改这更严重的问题。古板可以变成没有能力或者拒绝变化、收益或适应。这种态度可以防止悔改，并且当你失去了所有的灵活性，不会改变，你已经达到了一定阶段并正在毁灭"成熟"。

遵循先知的忠告也需要适应性。他的大部分教义不会是新的，因为它们是基于永恒的原则和标准，但我们的先知也会为教会在当下接受持续的灵感。有时我们现在被告知的与过去不同。灵活性让我们更可教，使来自父辈可能错误的传统的不变性的可能性减少。②

作为父母，我们可以通过我们的例子和体验帮助我们的孩子理解：要把他的生命放在上帝的手中。告诉你的孩子关于你自己的生命的时间。解释有时耶和华需要你变得柔软。这对你来说可能需要更大的灵活性，以便于你有经验与你的孩子分享。你可以帮助你的孩子建立相信耶和华的基础，这样他可以更具有适应能力去服从他。

---

① 《少尉》，马文·J.阿什顿（Marvin J. Ashton），"谁在迷失？"（"Who's Losing?"），1974年11月版，第42页。

② 《摩门经教义》（*Teachings of the Book of Mormon*），休·尼布理编，第4期，第209页。

学习何时适应

尽管这可能看起来像是有害的，但拥有一个适应缓慢的孩子不一定是有害的。当你的孩子直到生日聚会快结束了也不加入娱乐甚至进门时，你也许想要推他加入并让他处理它。然而，这个特点也具有优势。不要自动低估你孩子的慢适应性。当他十几岁的时候，你的孩子可能为了评估情况会畏缩不前，并变得更加谨慎，而不像他的同龄人那样，不顾前后地跳进其中。一个小警告可以避免多少坏的情况？

当你孩子的朋友们劝他去做不明智的事情，非常谨慎和不可动摇将会有利于他。然而，有时适应对于你的孩子很重要，例如当他长大了，教会给他新的称呼。这看起来挺奇怪，灵活性和不灵活性都是重要的，关键是弄清楚什么时候灵活和不变。作为父母，教你顽皮的宝贝知道什么时候依靠他的自然缓慢的适应性，什么时候放松一点是很重要的。

认识成功

对你的适应缓慢的孩子来说，转换是很困难的。所以，当他能处理好一件事时，确保自己能够认识到这一点。而当他尝试并成功时，要承认他的工作。把孩子的注意力转移到他能够应付变化、他能行的事实上。在认识到小成功之后，你要加强这一行为，并创造合作愉快的经历。每个成功都能为未来的成功创建一个更强大的基础。

也不要忘记认识到你自己的成功。这需要提前认识和为转换做计划。需要不断地警告你的孩子，而且需要很大的耐心给孩子时间调整，但这是值得的。顽皮宝贝会感到更有信心变得灵活，你也会感觉更好，因为日子更加顺畅了。随着孩子的适应能力的提高，你也能享受这份奖励。

第七章

感知力

顽皮的孩子是天才

一个典型的顽皮宝贝会注意到他周围的
一切，所以看起来他如多动症儿童一样分心，
但二者的区别在于孩子最终能够用这些干扰
做什么。

一位母亲每次和她两岁的孩子出门都要额外计划五到十分钟。这不是为了准备好或使用浴室，只是从公寓到上车的时间。她的儿子每到其他的步骤都会停下。首先，他捡起一块小石头——密切关注它——展示他的石头——然后把它扔掉。另外的两个步骤和一片树叶或另一块石头会吸引他的注意力。他会把它捡起来，也会检查它。落叶不得不在脚下被精心压碎，任何错误都要有意观察，如果在这条路上有玩具或其他孩子，他可以期待停下来，上车前再玩几分钟。试图催促这孩子是愤怒的过程，因为任何时候妈妈试图以更快的速度行走，都会使他发强烈的、火暴的脾气。

　　孩子那么淡定地、持续不断地忘记指令，可以让顽皮宝贝的父母吃惊。为什么看起来眼前的一切都会分散他们孩子的注意力呢？为什么简单的日常工作会花费顽皮宝贝超过正常人需要的6倍时间，并且需要唠叨和持续地关注？为什么这些孩子会简单地忽略你？对于父母而言，这些问题不仅是令人困惑的，也是令人沮丧的。

　　想象你已经去过的一些遥远的迷人国家。颜色比家里的更辉煌；味道是势不可当的；你看到新的有趣的乞求；你触摸的材质无处不在；无数声音轰炸你的耳朵。有那么多要看的、要做的和要探索的，需要你用所有的努力去接受。你说话，但是周围的环境是如此的迷人，以至于身体很难使自己远离它去倾听人们在说什么。欢迎来到这个意识强烈的顽皮宝贝的世界！

　　对于顽皮宝贝，与其他大多数人相比，人生是一次更加充满活力和强烈的体验。不仅如此，他们更加意识到自己的环境，顽皮宝贝通常异常警惕和细心。

很多时候，这个特质在婴儿期特别明显。当其他新生儿总是在睡觉时，这些孩子会更频繁地醒来。随着他们的成长，这种差异持续存在。与此形成鲜明对比的是，当其他婴儿清醒的时候，他们可能发呆发愣，而顽皮宝贝警觉地关注他们周围的世界。这些孩子经常急躁，直到他们在这个行为过程中，至少保持他们可以看到周围的一切。当这些孩子睡觉时，他们经常为了拥有的东西打架，害怕他们会漏掉一些东西。看起来你的孩子不需要和其他孩子一样多的睡眠，但有时他的意识使其得到确实需要的睡眠时间变得困难。

随着顽皮宝贝的成长，这种强烈的环境意识将带来更多的挑战。当这些婴儿变得易动，婴儿防御带来一个全新的意义。我们曾经开玩笑说，有了婴儿防御，就能防御我们的孩子，这是一个升级的过程。顽皮宝贝有一个贪得无厌的欲望，要去探索他的环境中每个角落和缝隙。他希望看到一切，触摸一切，知道一切都在哪儿，发现他要了解的环境的一切。

顽皮宝贝不限制他们对你家强烈的好奇心。在医生的办公室、爸爸的工作室和一个邻居的房子里都是公平的游戏。对于这些超意识的孩子们，他们不会侵犯别人的财产或空间。通常，父母善于在进入任何房间前10秒内发现问题。他们检查该区域并试图从任何克里奈克斯（Kleenex）纸巾盒子、易碎物品或尖锐物体、橱柜、电脑、有趣的小玩意或开着的门栏比他们的孩子更先发现问题。

这些孩子不仅对周围世界非常感兴趣，而且对他们注意到的每一件事也感兴趣。当他们穿过房间追逐朋友时，他们会抓住背景中的对话，看看你在看什么电视节目。尽管正在用力骚扰兄弟姐妹，他们也会听到车上的收音机新闻。即使你的孩子似乎全神贯注于别的东西，他也会注意到周围正在发生的事情。为一个有意识的顽皮宝贝藏礼物可能非常困难。一位母亲试着把一个包在塑料包里的礼物藏在车库角落里最上面的架子上。那天晚些时候，儿子问她袋子里的是什么。

这个故事表明，实际上，事物很少会从这些孩子的眼皮底下溜走。作为一道新的阳光，顽皮宝贝第一次进入小学，母亲负责分享时间。他不仅整个时间大声呼啸，而且还尽其所能地爬到她身上或领奖台上。他拒绝与他的班级坐一起，大声宣布他不喜欢他的老师，他不想唱这些歌，他不想待在教堂，他不想上学！疲惫不堪的母亲说，这是她曾经在教堂里最费劲的经历。

在剩下的一天，她的儿子发怒了。睡前，她的儿子发表意见，"当我12岁时，我就要去寺院，对吗？"她只是难以置信地看着他。当他开始唱那天他们所学到的这首歌时，她更加惊愕。他爬到讲台上和她身上，拒绝留在座位上，并用最高分贝叫喊。她不知道他听到的世界是怎样的，更不用说理解，在共享的时间里，她该说什么。

这些孩子会经常听到并记住背景的噪声。许多父母惊讶于孩子会从收音机和电视获得多少新闻。对这些孩子更重要的是，要监控他们听到和看到的，因为有意识的顽皮宝贝会注意到。不要指望你的孩子不会注意到一首歌里可疑的歌词——他们很有可能会重复它们。只因为你的孩子专心地参与一个活动而你在看电视，并不意味着他不会看到你正在看的成人节目里的场景——你可能需要解释它。在孩子出现时，你需要小心你讨论的内容——他之后会向别人重复它。如果你不想要向你的顽皮宝贝解释什么，那就不要向他透露这件事。

意识或注意力分散

抚养对自己的环境有强烈意识的孩子可能令人沮丧。在捡起玩具或从她的房间拿鞋子的路上，有意识的顽皮宝贝会注意到许多其他事情并进行调查。有这么多有趣的干扰，会使她很难记得起初她为什么要去她的房间。5分钟后，父亲会跺脚上楼看看为什么花了这么长时间，却发现他的女儿还没有到达她的房间。她在大厅被从窗户进来的光迷住了，实在不明白爸爸为什么如此生气。这可能令人抓狂。

这种意识通常可能与更严重的注意力缺陷多动障碍（ADHD）等问题混淆。多动症是一种行为紊乱，意味着一个个体在参加、集中和控制冲动方面有困难。注意力分散和多动也可能存在。多动症的症状列表可能包括：不能密切关注细

节，注意力难以保持在工作或娱乐上，不能跟随指令，很难安静地玩，经常中断会话或者经常看上去没有听。这些症状本身似乎像一个正常童年的定义，但对于多动症诊断，这些行为肯定会影响孩子的生活和明显超出孩子年龄组的正常范围。重要的是，要意识到多动症诊断只针对最极端的行为。

《精神障碍的诊断与统计手册》（*The Diagnostic and Statistical Manual of Mental Disorders*，简写DSM-IV）第4版是美国法律和医学定义精神障碍和作为官方手册进行专业诊断的权威来源。[1]DSM-IV阐明，在多动症被确诊之前，"必须在社会、学术或职业功能方面有明确的临床重大损害的证据"[2]。对于这个孩子的年龄，这个重大的障碍必须保持在一个不适应和不恰当的频率和强度上。"如果你的孩子显示出注意力不集中、冲动或多动的症状，在这个孩子的年龄最极端的百分之五，并且它们干扰他的功能，没有其他原因能更好地解释它们，他可能符合注意力缺陷多动障碍的诊断。"[3]我们将在之后的章节讨论ADHD。

顽皮宝贝也不能幸免ADHD。然而，一个典型的顽皮宝贝会注意到他周围的一切，所以看起来他如多动症儿童一样分心。区别在于孩子最终能够用这些干扰做什么。一个多动症的孩子将不能集中精力完成许多任务，无论多么激励他。一个有意识的顽皮宝贝将能够处理他关注的事物，然后选择最重要的信息——如果他已经接受了父母的培训和帮助的话。因此，他能够关注和完成一个任务。他可能会比其他孩子慢，因为他正在处理很多信息，但是他能够完成。当他们想集中注意力时，顽皮宝贝能够做到。父母的重要问题是如何帮助他们的孩子处理他们注意到的一切，然后选择最重要的信息。你如何让他排除其他刺激，去听你的指示？你如何让孩子做你想要她做的事？

---

① 《精神障碍的诊断与统计手册》（*The Diagnostic and Statistical Manual of Mental Disorders*），第4版，第84页。

② 同上，第83页。

③ 《爱迪生特征：锯掉孩子不相容的精神》（*The Edison Trait: Sawing the Spirit of Your Nonconforming Child*），露西·乔·帕拉迪诺（Lucy Jo Palladino）博士编，第200页。

引起你孩子的注意力

通常引起你的顽皮宝贝注意是一个挑战。很容易喊叫的声音越来越大，以便让你的孩子意识到你正跟他说话。我们已经发现，先通过温柔的接触，然后通过交谈去引起你孩子的注意力效果最好。触摸你的顽皮宝贝，让他知道他该注意你了。与你的孩子眼神交流也是另一个引起他注意的好方法，这将帮助他更好地理解你的话。你正好在他的面前也让他很难忽视你。

引起你孩子注意的大部分在于你信息的表达。很多时候父母有厉声命令孩子的习惯。如果总是讲无聊或消极的话，你的孩子为什么要听你在说什么？如果你的孩子不想去做，那么他会无视你充斥整个房子大喊大叫的尖锐声音。积极的、开玩笑的或有趣的信息将自动获得更多的关注——问问广告业吧。

我们不建议你为每一个指令安装闪烁的广告牌或找到一些花招儿。那是不实用、不可能的。然而，你可以试着找到让你的信息更有意思的词语，比如一个口号，那么你会大大增加你有意识的孩子对你言语的注意力。怎么表达更有可能得到反应？"苏西，现在该睡觉了，我不想再拖延！"或"让我们看看我们能多快穿好你的睡衣。准备，预备，开始！"谁会想承认第一个方法呢？当然不是你的孩子。显然，第二种方法使用了更有趣的话语，而这两种方法都朝着同一个目标。

除了选择更积极的词语，你的语调可以使你对你孩子的表达获得成功或遭受失败。用快乐和兴奋的声音说"让我们清理吧"可能比用生气或愤怒的声音更有效。你可以布置任何任务，通过说得好听让任务听上去很有趣。刚学会走路的小孩子有时候对声音的反应要超过一个真实的单词。再者，你没必要把每个从你口里出来的单词说得激情和有趣，但是如果你经常使用它，就可以使你的生活更加容易。

有时候你需要把孩子的任务融入到音乐或是游戏里。有的时候，我会在晚上给孩子沐浴的时候遇到麻烦。每当此时，我们会在开始沐浴的时候唱一首儿歌，令人开心的是，当养成习惯后，孩子会停下他所做的，径直边唱歌边去沐浴。我们有时也需要在清洗玩具的时候，设定下一个闹钟，在清洗任务结束的时候，就

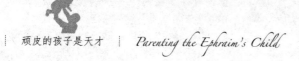

要开始把清洗变成一个游戏。我们可以用儿童节目上的歌曲或是小游戏，这些都可以引起他们的兴趣。

当你正面表达信息的时候，你的敏感孩子就更加愿意服从你。如果你的孩子愿意服从你，那你和他都更开心，环境也变得更加友善。实验证明如何让你的孩子最好地响应你。例如，用口头指令，他会做得更好，或者当你把你需要他做的事情写在本上的时候，他会做得更有效。

超敏感的小孩子对周围环境刺激很敏感，当他听见噪声的时候，他会很难集中注意力。这就是说，当他能集中精力对你的时候，你要更加有效地利用这段时间。不幸的是，有时候成人在这段时间并没有给孩子合理的建议。

给孩子合理的建议

在《养育顽固儿童》一书中，作者雷克斯·福尔曼博士和尼古拉斯·朗强调了给孩子错误指导的问题。作者说，"他经常看见家长给孩子不能做到的建议……这时候因为孩子不能做到家长的建议，家长感到沮丧甚至会对孩子很愤怒。"[1]家长需要给出明确和简单的指令。但是如何知道这是明确和简单的指令？福尔曼和朗识别一个明确和简单的指令方法就是与你不常使用的指令做比较。不合适的建议包括：连环建议、模糊建议、提问式建议。[2]

连环建议

连环建议就是说，你对孩子一下子提出了很多建议。例如，你告诉孩子捡起玩具，去洗漱，刷牙，穿上睡衣。实际上你这是在要求孩子做四件不同的事情，这时候最大的问题是，你的孩子可能不能完全记住四个指令，这样的话他就不能

---

① 《养育顽固儿童》，雷克斯·福尔曼哲学博士，尼古拉斯·朗博士编，第104页。
② 同上，第105页。

86

完成你要他做的。

与给连环建议相反的是，你把这些建议分成四个小的指令，让他一件一件地做。当他完成一件的时候，你再要他去完成另一件。不要忘记当他完成指令的时候，给他奖励。这奖励包括夸奖、拥抱、微笑，等等。通过给孩子单个指令的方式，孩子可能会更听你的话。

模糊建议

孩子对模糊指令会有理解困难。当你说"乖乖的啊"，孩子会感到模糊，不够具体。当孩子收到模糊指令的时候，有的时候他不知道自己该做什么，他的理解和你实际想要的可能相去甚远。你告诉他具体让他做什么，对他来说可能更有效，例如，"不要吼你弟弟"远比"干得漂亮"要更明确。

运用孩子能懂的单词也比较重要，当你告诉孩子把东西放到书架上的时候，如果他不懂什么是书架，那你就面临着麻烦。所以有的时候孩子不是不听家长的话，而是对家长的话理解得不是很明确。你发出的指令越是清晰，孩子就越听你的话。

提问式建议

提问式建议是指你以询问的语气要求孩子去干什么的时候，远不如你直接发出肯定性的指令。"你现在想安静一下吗？"这不是一个肯定性指令，你的小孩会觉得他有权力说不，而且他真的可能这样做。如果你的意思是想要给孩子一个建议并想让他听从这个建议，那你需要的不是一种提问式语气。当你的孩子说"不"的时候，许多家长会沮丧，其实你不知道是你给了他拒绝的权力。①

在用询问性语气之前，先想一想你是否想让你的孩子听从。如果你的意图就是想让孩子安静的话，那就用肯定语气。"现在你想要安静吗？"是可行的。然而，这并不是家长经常的意思，而是他们以提问的方式来使用肯定句。注意不要

---

① 《养育顽固儿童》，雷克斯•福尔曼哲学博士，尼古拉斯•朗博士编，第106页。

混淆疑问句和肯定句。

许多成人会在提问语句最后用"请"等温和字眼来缓解他的严厉程度。但是当孩子肯定不会喜欢你的指令时，那就很容易形成这个习惯。当加上这些词语的时候，会显得不那么严厉，可能会对孩子的抵触行为有缓和作用，这些词会自动把你的意愿转成提问式语气。不幸的是，当孩子把你这样的话听成是问题的时候，他几乎会马上回答"不"。这时候的你就会在妥协或是在争吵间游离。如果你用"懂了吗"这样的字眼来明确你孩子是否听懂了的时候，那么你最好加上"你听懂了吗"这样的话，让孩子明确你还是希望他按照你的指令做的。

给孩子一个理由你为什么需要这么做

最后一个低效的指令是，在要求孩子做什么的时候，同时你还需要给他一个理由。"赶紧吃饭，要不我们就会迟到了，我们还需要剩下一点时间换衣服呢。"这个句子就是一个典型的低效句子。当你说到这句话末尾的时候，孩子早就忘记最初的指令了。你已经在句中迷惑了你的孩子。给孩子一个简短的解释是必要的，但是句子太长就没必要了。所以你可以简化刚才的句子为"我们去教堂要迟到了，赶紧吃饭"。这样的句子就更加高效了，孩子会更加注意句尾。

一个有效指令的组成部分

当你发出有效指令的时候，你的孩子才会更听你的。福尔曼和朗博士给出了一些有效指令的组成部分，①具体内容如下：

1. 吸引孩子注意，在给建议的时候要有目光接触。

2. 用一种坚定但不粗鲁的声音。

3. 给一个简洁明了的建议。

---

① 《养育顽固儿童》，雷克斯•福尔曼哲学博士，尼古拉斯•朗博士 编，第111页。

4. 充分利用身体语言，如指给孩子你想要他去的地方。

5. 直接让他做某件事而不是责令他不要做某件事。

6. 完成后奖励。

7. 在给出指令之前要思考，确认你愿意服从，无论是时间、能量，或者是所需的努力——年幼的依法立案的孩子可能要求得更多。

我们在尝试和错误中发现的重要的一点是，在你的孩子开始处理命令之前，要停止刺激。当你让你的小孩在看电视的时候，命令他去清洗干净几乎是不可能的事情。这时候你需要关上电脑和电视，甚至需要将你的小孩人为地搬到另一个地方，这时候小孩在没干扰的情况下更容易听进你说的是什么。

另外，在你说话很慢的情况下，小孩子会更容易听进你的建议。缓慢地说有助于他有时间调节和倾听。让孩子听话需要时间和精力，但是会很值得。

运用意识

能感知周围环境是很伟大的事情，但是我们能用这种意识做什么呢？尼尔曾说过：

> 当代社会的一些批评者评论了了解和感觉之间的分离，在丰富中我们知道很多，在其中我们很翔实。关于他们对我们和我们时代的影响，我们感觉越来越少。我们的能力是感受事实和以正确的方式有所反应，作为领导者和追随者，它是一个衡量敏感性和感知周围世界的指标。[1]

仅仅知道是不够的，能够明确地利用是关键，有的时候我们会掉进只能学习

---

① 《最小的部分》（*The Smallest Part*），尼尔·A.麦克斯韦（Neal A. Maxwell），第72页。

却不能利用这个知识的陷阱。①

一个经典的例子是在一本《摩门教义》中发现的。书中讲了三个兄弟拉曼、莱缪尔和尼法，他们有平等的接触外界环境的能力：一个可以教他们教得很好的父亲，他懂以色列遗产、黄铜盘子上的经文，甚至有天使的帮助。只有尼法具有敏感性去把意识转变成意识。顽皮宝贝可以学会如何应用他的意识。

其他意识

一部分意识来源于你周围的环境以及你周围的人群。这不仅仅包含人的长相，还包括他们在做什么。一个妇人刚刚从威胁生命的疾病中走出来，她和丈夫在缓慢地拖地，这时候另一个姑娘很快地超过这个妇人，这个姑娘就没有意识到周围的人。

尼尔·A.麦克斯韦（Neal A. Maxwell）曾说，帮助是需要互相了解的。意识会帮助你辨别哪一种是帮助，哪一种是同情。而深意的影响可以上升到广义的水平感觉，大众的关心，真正的慈善。真正的帮助在于了解另一个人的需要。真正的帮助在于提供怎样的帮助，真正的增长发生在被帮助的人身上。潜在的帮手通常……意识不到帮助是必须的。②我们是面向服务的教会，但如果意识不到别人的需求，我们怎会知道是谁、什么时候、到哪里去服务？

上帝运用我们的手去完成他自己的工作。我们是他帮助别人的工具。为了能做好他的工具，我们不但要具备乐于助人的精神，也要辨别什么时候需要帮助别人。有多少次你会想，为什么别人能做好事而我却没有想到呢？这些做了好事的人，他们通常都有很好的观察能力。他们已经形成了一种对外界人物和环境敏感的能力。③

耶稣周围环绕着很多他并不认识的人，有一个妇人抓着他的袍子请求帮

---

① 《提摩太后书》（*2 Timothy*），第3章，第7节。

② 《最小的部分》，尼尔·A.麦克斯韦，第72页。

③ 《爱超越方便》（*Love Extends Beyond Convenience*），J. Richard. Ensign Clarke，1981年11月，79。

助。①人生道路上少不了冲撞，我们真的有足够的意识去发现需要帮助的人吗？当我们看到别人试图穿越拥挤的大厅时，我们有其他意识吗？我们需要知道哪里我们可以服务。

超敏感小孩对环境的感知能力是自然赐给他，与生俱来的。他已经能够感知任何事情，但是我们仍然需要告诉他怎样把感知能力发挥出去，去做一些慈善的事情。当他发现自己的姐妹很伤心的时候，只要他没有伤心，他就应该去想个方法缓解他姐妹的伤心。强者也有不能做的事情，要告诉他尽量去帮助别人，哪怕只是一个小小的微笑。让孩子从小知道，他的意识是上帝给的，上帝希望通过他的双手去帮助别人。一个好的、有感知能力的人品是服务他人的基石。

有自我意识是好事

强烈的感知能力是超敏感小孩的挑战，但是同时也可以丰富拓展他的人生。小孩子可能会发现身边丰富多彩的事情，这些事情有的时候成人反而会忽略掉。有的时候小孩会指出上帝希望你走的路，即使成人有时候看不见。为有一个感知能力强的孩子开心吧。

有了成人的帮助，孩子才能够运用他的感知。这可以让他有个更美满的人生。在《富足的生命》一书中，休·B.布朗曾说，"有人有眼睛却看不到，有人有鼻子却闻不到，有人有心脏却感受不到，只做梦的人实现不了梦想，只睡觉的人感受不到早晨。"②在剩下的几章中，他还说过，"当你感知到周围环境的时候，你更多的时候感知的是你自己。我们对上帝的崇拜是有意义并且是需要付出的。"③让我们帮助那些超敏感的小孩看见和听见周围的世界吧。

---

① 《马太福音》，第9章，第20—22节；《马可福音》（*Mark*），第5章，第25—34节；《路加福音》（*JST Lukc*），第8章，第43—48节。

② 《富足的生命》，休·B.布朗编，第43页。

③ 同上，第255—256页。

第八章

敏感度

Parenting

the

Ephraim's

Child

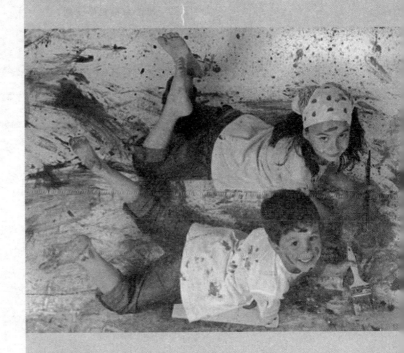

顽皮的孩子是天才

　　有些小孩会觉得自己和世界有层障碍，就像他们把皮肤包进里层而神经全部赤裸在外面一样。你把便宜牌子酸奶倒进贵的酸奶杯子里，他甚至都能感受到。

有的年轻家长会在哄孩子入睡方面遇到很大困难。他会慢慢地困倦，甚至会越来越烦躁，会在一段时间后孩子仍不入睡的情况下失声大叫。但是，喊声仍不能让孩子平息，只能让家长自己变得更加神经质。这时候，有心的父母就会发现，孩子入睡情况和他白天的经历有关。他要是有一个繁忙的白天，那么他的夜晚会很难入睡。他们应该注意孩子有怎样的一天，并且尤其注意在傍晚的时候，孩子的状态如何。这样会提高孩子的入睡效率。白天越艰难，他在床上坚持不睡的时间越长，他入睡就越困难。

许多家长相信他们有同样的经历，但是他们在感知外界的时候差异很大，例如在听、看、闻以及触觉方面。超敏感小孩经常很敏感，因为他们对外界的感知会更强。超敏感小孩不但更易受外界刺激，而且更容易听到、看到、感受到更多。因此，他们的听觉、触觉等感觉会更加刺激他们。当我们谈到敏感性的时候，我们指的是两个领域：身体敏感性和精神敏感性。

在《挑战儿童》(*The Challenging Child*) 一书中，作者斯坦利·I.格林斯潘 (Stanley I. Greenspan) 把超敏感孩子作为五类最难处理的孩子之一。他描写到，我们的感觉能带给我们快感，像柔软的抚摸，清洁、有新鲜味道的、洗过的衣服。可是这些感觉对高敏感的孩子来说是完全不同的。一个友好的触碰可能让他感到严厉，有些声音听上去像是牛叫，有些气味像是压迫性的，甚至明

亮的颜色可能让他受打击。①

尽量想象自己是一个超敏感孩子。格林斯潘举了个例子，想象一下自己被强迫清醒整晚来参加一个摇滚演唱会。那刺耳的声音、摇摆的灯光、拥挤的人群压迫着你。②许多敏感孩子每天都有这种感觉，在学校孩子是否会闻到不适的气味？这样孩子也许就不会再为去学习而费劲。你的衣服是不是会有点紧且有勒住脖子的感觉？当孩子穿高领衣服的时候，他也会有这种感觉。很响的噪声会不会干扰你？如果你生活在超敏感小孩的世界里，你就能理解为什么对于顽皮宝贝来说，这是一个困扰。

有些小孩会觉得自己和世界之间有层障碍，就像他们把皮肤包进里层而神经全部裸露在外面一样。他能够尝出不同牌子酸奶不同的味道，甚至能感受到你把便宜酸奶倒进贵的酸奶杯子里。另外，他们对气味的感知也与常人不同，棉麻的袜子会伤到他们的脚，有些声音会伤到他们的耳朵，有些牌子的牛奶会让他的肠道不好，他有一个最低的感受界限。

不但他的身体上敏感，他的精神上也是敏感的。许多家长知道自己的孩子情绪化很严重。你的孩子能够持续关注每件事。在一场游戏中失败时，他会砸坏玩具，甚至像是世界末日一样。你的孩子因为一个坏了的玩具哭上几个小时，或者因为一年前喜欢的宠物狗去世而啜泣，可能因为一部他喜欢的电影而变得歇斯底里——你知道的，这个电影已经放过二十多遍了，而且他知道坏人是不会杀死英雄的。有时候，顽皮宝贝也有这么丰富的感觉。

但是，如何改良这种敏感性也是一种人生经历。"高敏感孩子一般都比较聪明，口才好、有创造性、有好眼光。他会很快和别人产生共鸣。"③这种孩子能和别人构建深远的、有意义的关系。他可以教会我们如何更加有效地利用我们身

---

① 《挑战儿童》（*The Challenging Child*），斯坦利·I.格林斯潘（Stanley I. Greenspan），杰奎琳·萨蒙（Jacqueline Salmon）博士编，第36页。

② 同上，第36页。

③ 同上，第29页。

体的敏感性。一般来说，他会告诉我们哪条路很美，会告诉我们光脚走在草地上，会告诉我们微风吹过了头发。他也会第一个感受到春的绿色，秋天的落叶。

但是，每天和这样的孩子相处在一起确实有挑战性。高强度的敏感会让父母发疯……敏感是个奇怪的东西，尤其是你自己不是一个敏感的人的时候。但是当你自己每次被别人说太敏感，所关心的事情根本不是大事的时候，你会怎么想？孩子有时候并不能改变他思考的深度，但是总被告知自己不该这么感受，有时候会对他们的人生观产生影响。因为他们经常被当作不重要，会学会隐藏感情。这导致情绪无法解决，无法表达，然后变成更大的问题。

你需要帮助孩子读懂敏感并帮助他管理敏感。为了功能，你的孩子必须知道如何把自己快速强烈的感觉和情绪透视化。是的，他也许会被世界深深伤害，但这并不是世界末日。他们需要你的帮助来舒适他们的物理敏感和深情。你得保证在谈论这种个性特征时，使用积极的日常名词。心地善良和富有同情心的要比感动的和情绪化的强。帮助你的孩子抓住他的敏感性，他会明白他不是不正常的。当你逼迫孩子穿上奶奶送的可爱的"时髦"外套时，当你已经把他逼到墙角时，你能够找到办法。

观察和调节

我们都长时间地被刺激包围。当我们在睡觉的时候，我们暴露在噪声、抚摩、灯光之下。如果我们不能过滤掉这些刺激，我们可能永远无法完成任何事，可能永远处于紧张不安的状态之中。每个人都会选择忽视某种刺激，这同样是一个很好的生活技能，这叫过滤。很多人能够很好地过滤，他们能在嘈杂中集中精力做自己的事情。而有些人却要经历痛苦的过程以避免注意力分散。

超敏感孩子会感知任何事，但不幸的是，他们生来就对过滤不擅长。所以他们会比别的孩子更早地受刺激。当你的孩子因为刺激或者情绪逆境而备受打击时，这就成了一个问题。"为了培养孩子的基本情绪发展必须的心理经历，敏感孩子家长的首要任务就是让孩子学会与敏感一起工作。与敏感孩子成功地合作需要一种特殊的管教。"[1]作为家长，首先你要了解孩子能够容忍的极限，有些叫作"彻底垮台"。在孩子还小的时候，你要充当孩子的过滤器。当他慢慢成熟的时候，教会他如何过滤外部环境。你需要观察刺激，并根据刺激进行调整。

如果孩子累了，能量不足的时候，他的忍耐刺激的极限一般比休息好的时候要低。所以你也需要灵活地去调节他的忍耐极限。连续奔波，把孩子拖进拖出车里，进出各种商店，这就不是一个好的选择了，除非你已经准备好与这种后果讨价还价。打击你已经完全疲劳的小孩，或者把事情分到明天做麻烦吗？有时候，这些小孩试图用他们父母来当作缓冲来阻塞刺激。他们变得很黏人，很爱发牢骚。很多次，这些家长会把他们的孩子推开。当你尝试集中注意一些事情的时候，谁又想要一条吵闹的和让人烦躁的水蛭？不仅无法解决焦躁不安，这种行为还会成为你孩子变得过度焦躁的线索。

有些环境也会产生麻烦，要知道这些环境对他是挑战，从而减少他在这种环境中暴露的时间。拥挤的商店以及明亮的灯光、背景音乐、炯炯有神的目光和拥挤的人群是个明显的例子。下次去商场的时候，停下一分钟，你就能感知孩子要在这种环境中忍耐多久。孩子会像弹弓一样能够感知高强度的噪音、眼光、声音、动作，而不是注意无意中遇到的很多人以及是不是侵入他们的地盘。这种环境的刺激加上他天生的较弱的过滤能力，这就是为什么沃马特经常使孩子处于紧张不安的状态。一些孩子的活动也是受到过分刺激的。聚会、学校嘉年华、集市、娱乐场、海滩等也可能是孩子的噩梦。

有时也是家长的噩梦。家长四处忙个不停的时候，你的顽皮宝贝已经面临崩溃了。对吧？错误。通常，这些孩子会做得恰恰相反。他们会变得更加困难和紧张。他们不仅仅疲劳于奔波日子的末端，而且他们受到过度刺激了。很多时候，

---

① 《挑战儿童》，斯坦利·I.格林斯潘，杰奎琳·萨蒙博士编，第42页。

受到过度刺激的孩子会看上去像失控。你知道你的孩子需要闭嘴以及好好休息，你歇斯底里的孩子已经达到他的底线，任何信息都无法送到他的脑子里了。他无法让自己平静下来，他有个"崩溃"刺激。

当你遇到这样日子的时候（每个家庭偶尔都会），尝试着在你孩子达到极限之前平静下来。也许，关闭来回途中车里的收音机，这将给孩子足够的休息避免崩溃。也许，你需要一分钟的沉默，就像足球运动员出场比赛之前，每个人简单地坐着，只是眨眨眼睛，避免崩溃会使你的孩子更加快乐。

不光这种特定日子是孩子的噩梦，即使是很平常的事情，孩子可能也会崩溃。每天确保有安静平和的时间，如果你的孩子不睡小觉，那就让他待在房间看书或者干其他事情15分钟，甚至可以让孩子独处一段时间。无论你如何选择，他需要安静的时间。你需要每天做重复的事情，这些休息时间是生存的必须。你的孩子可能每天都与你讨价还价安静的时间，但是，坚持住。有的时候，孩子可能还会告诉你他真正想要的是什么。对于顽皮宝贝和妈妈们来说，每天的休息时间是家庭的救生圈。

尽管我们可以避免刺激事件的输入，但是我们并不能完全避免。当孩子崩溃的时候，第一件需要做的事就是帮他移除刺激，把他带到其他地方，告诉他镇定卜来。这个时候要注意，可能你的触摸都会造成他的反感。当他镇定下来的时候，告诉他刚刚发生了什么，鉴定一下是什么让他失控了。举个例子，可能是有很多人集中在喧嚣和小空间里。如果你的孩子还太小，那么就问他是什么吵到他了。

是人太多了吗？是太吵了吗？是灯光烦到你了吗？这将帮助你的顽皮宝贝理解是什么使他崩溃以及如何口头告诉你。你需要帮助他能够和你正常交流。描述性词语是敏感小孩字典里最关键的一部分。痒、臭、热、冷、烦、怕都可以帮助你的孩子告诉你，什么烦到他了。最终孩子会让你明白，是什么让他受到太多刺激了。

在孩子还没受到过多刺激前就开始介入是最好的。作为一个家长，你需要观

察孩子的刺激程度然后开始调节。调节意味着减少刺激，找到一个安静的地点和房间待一段时间，出去散步，脱下孩子的衬衫使他不再热，你可以尽力让孩子减少刺激。最好的调节是停止。当你观察你的孩子以及他如何反应刺激，在你孩子崩溃之前就停止刺激是一个好主意。在你孩子开始挥拳头之前，离开嘉年华，或者提前结束戏剧时间。相比于尖叫和眼泪，结束出行会使你感觉更好的。

学习你孩子的线索，或者观察什么刺激使他们如此反应，在你孩子达到崩溃之前，就尝试着安排事务。当你知道拥挤对你的孩子刺激得太多时，也许圣诞节购物需要一个保姆，访问朋友需要限制在一个小时内，或者，你需要提前离开家庭聚会。在你孩子变得吵闹、大声喊叫和淘气以前，采取预防措施。

提前离开与家人或者朋友的聚会或宴会，你不必感到有罪。毕竟，你有一个歇斯底里的孩子，而他们没有。你也不需要让你的孩子恐惧到奶奶家去。此外，你的优先权是看护好你的孩子，不要让你的孩子游走于崩溃的边缘。是的，你有时候是没有更多的快乐。但是，当你的孩子长大了，学会如何观察和调节他的敏感性时，他就能够应对自如些。那时，你也有更多的弹性时间。

观察情感刺激

过度的紧张也会过度刺激到孩子。敏感孩子是个好的情感测量器皿。他们能快速感应和反应周边的刺激。你可能没有意识到孩子可以感应你的感情，但是他会。你会惊奇地发现，孩子情绪的突然爆发可能通常都与你的情绪有关。你累、有压力、忙碌、焦躁不安的时候对于你的孩子来说，也是很困难的。不幸的是，这些最糟糕的时候最能检验你作为父母是否有耐心。

很多时候，降低你敏感孩子情绪压力的最好方式是降低你自己的压力。你的"四脚高"器皿会让你知道，什么时候你需要重新审视你的优先权，放一天假，或者喊出来。如果你与敏感的顽皮宝贝讨论，这将很有帮助。如果你不想这么做的话，要记住你的孩子能够感知你的这些感觉。如果你不与他交流，让他一个人独自尝试着应对周围的刺激，这样是很可怕的。如果你有一个内向的孩子，当与他讨论这些感受的时候，你可能需要给他一些空间。在他准备好的时候，他会敞开心扉，但是他仍然需要你去与他交流。

你同样需要观察孩子自己的情感。对于顽皮宝贝来说，作为一个敏感和紧张的个体，生命里可能有太多的风风雨雨。帮助孩子，告诉他，虽然不能控制自己的情感，但是他能控制自己的行为。感到悲伤或是想要哭都是正常的。挥起愤怒的拳头是不可行的。可以自己一个人在房间里休息一下，如果他与姐妹们生气的话，失去控制去推妹妹是不合适的。父母可以帮助他们的孩子解决这些复杂的感觉，让他们向前进。你的孩子需要你们承认他的感觉。事实上，很多时候，你对顽皮宝贝的口头认可将会帮助他们分散注意力。那时，你需要告诉孩子，他应该怎么正确宣泄自己的感情。我们将会在下一章讨论这个问题。

综上所述，你需要对孩子的感情抱有同情心。格林斯潘强调，"无论你的孩子有何极端的或者不现实的感觉，你都要尝试着感同身受。"[1]一个超敏感孩子需要比正常孩子更多的同情与热情。因为他的感情更浓烈而又更容易受周围干扰。很多时候，当孩子受到刺激不堪重负的时候，他需要父母表现得更具同情心。尽量把你的孩子当作是一个有苦难的成人朋友。你会对你的朋友说他很怪异，还是愿意倾听他，然后帮助他？我们的小孩就不值得吗？

控制媒介

公共场所和聚集地并不是唯一可以刺激到小孩的地方。更多的时候，我们的家才是那个让孩子受刺激并且发作的地方。敏感的孩子需要一个可以休息，也可以重新开始的地方，如果这个过程他们不能在家做，那就准备好他们发作。举个例子，哪怕是电视机或是音响开的时间过长都会刺激到他们。

---

① 《挑战儿童》，斯坦利·I.格林斯潘，杰奎琳·萨蒙博士编，第46页。

对我们干扰最大的机器是电视机。像许多孩子一样，敏感小孩也爱看电视。父母有时候会把小孩子交托给电视，这样他们可以省下一些时间去做其他的事情。但是这样做，自然有它的坏处。琳达博士在《与活泼机警儿童一起生活》一文中说，每天让自己的孩子与电视相伴的父母明显没有体会到，这也是需要代价的。这些人也知道用电视吸引孩子能换来半个小时非常轻松的时间。利用这种方法，电视确实也会让大人产生依赖心理。[①]我们当中的哪些人没有决定利用30分钟、40分钟或者60分钟的卡通时间来休息一下呢？这能有什么害处呢？不幸的是，你确实需要为这额外的30分钟付出代价。

琳达博士继续阐述她的原因，"看完电视之后，小孩子会有一个能量释放的过程。"[②]不管是什么原因，敏感孩子在看完电视后会表现得更加兴奋。他们往往想要扮演他们所看节目里的角色。换一句话说，当看完变形金刚之后，孩子自己更愿意变成变形金刚。这些孩子在翻来覆去地跳，摇摆窗帘之前可能就是在安安静静地看电视。

实际上，电视是非常刺激的东西。声音、颜色、灯光、快速变化的图片都会刺激到小孩。一个被刺激到的小孩就会失去控制。所以一定要限制看电视的时间。但是，像画画、烹饪、室外玩耍都是极被鼓励的项目。这种方法可以教会你如何利用内部资源去娱乐孩子，而不是依赖电视。

安稳的睡眠

决定你和孩子之间关系的主要因素之一就是能不能睡好觉。如果你和孩子之中有一个没有睡好觉，那么你们就会很难度过这一天了。不幸的是，许多孩子有睡眠问题，这就表明家长也会面临相同的矛盾。把孩子放到一个消耗精力的缺乏

---

① 《与活泼机警儿童一起生活》，琳达·S.巴德编，第144页。
② 同上，第141页。

睡眠的环境中，是与孩子相处模式中不成功的一步。

高敏感性是孩子不能入睡的重要原因。他们不能过滤掉外界的干扰，即使他们真的试图睡觉。太多的灯光，屋子里有人聊天，来自屋外的声音，温度过高或过低，湿湿的尿布，不舒服的睡衣都是他们睡不着的原因。在这个时候你的孩子已经很困倦了，不能够应对外部过度刺激的环境。他甚至会兴奋到歇斯底里并且不能安静下来，就像我们在本章开头所形容的孩子那样。

如果孩子不能入睡，试图找一下外界原因。装饰专家建议人们安装舒服的床，在安静的地方，身体和大脑都能够有足够的休息时间。我们何不按照这个建议来装饰孩子的房间呢？把灯光调暗，移走孩子屋里的灯。或许这会刺激他醒来发现，还有很多可以刺激他的东西，还有很多可看可玩的东西。小孩床上的填充玩具也会过度刺激孩子，或是在错误的时间使孩子被过度刺激到。

尽管睡眠环境对你孩子的影响会造成你很多难眠的夜晚，但是引起这种状况的大多都是睡前时间的活动。敏感小孩在睡觉之前也需要时间去镇定。让我再重复一下，以便大家不会忘记这件事。孩子在睡前需要镇定时间。需要多久的时间变化很大。有些需要三十分钟到一个小时，还有一些需要得少一些。你可以对孩子做下实验，看看自己的孩子究竟需要多久吧。注意一定要在孩子休息前给孩子减少周围环境的刺激，你肯定也不想他再次活跃起来。这个时候可不是和爸爸玩摔跤的好时机。每天固定的作息时间也可以减少孩子睡觉不安稳的症状。

有时候你也需要牺牲一下。你总是第一个离开家庭聚会，这也不容易。但是我们发现，孩子在睡觉前都是很兴奋的，有的时候甚至会半夜醒来很多次，早上起来得也很早。我们会发现，让孩子睡眠时间正常，我们付出一些是值得的。

我们下一章谈论正常作息的重要性。规律是安稳睡眠重要的一环。《健康的睡眠习惯，开心的孩子》（*Healthy Sleep Habits, Happy Child*）的作者马克·威尔斯布鲁斯（Marc Weissbluth）医学博士强烈建议，一定要让孩子在长时间内保持规律的睡眠。他说，父母需要帮助孩子建立良好的睡眠习惯，否则即使他长大后也很难规律入睡。"很多家长都惊奇地发现，规律的睡眠是可以培养的。实际

上，家长可以帮助孩子提高健康的睡眠习惯。"①对那些仍有迟疑的人，他继续说道，"当想到睡眠习惯的时候……你可以把这想成是大脑的粮食……你不会因为社交上的不方便而对孩子停止喂食，你会在孩子饥肠辘辘的时候马上喂他。这和睡觉一样……一个晚归的父母不会因为他的晚归而让孩子挨饿。这和睡觉时间是一样的，不要让我们的孩子因为熬夜而大脑挨饿。"②

像许多孩子一样，敏感孩子会在困倦的时候出现兴奋情况。疲劳实际上可以更加刺激孩子。孩子越累，那他需要的镇定时间可能越长。他会在困倦到睡不着时进入到一个超级兴奋的阶段。③威尔斯布鲁斯博士讲了一些研究证实了这件事情。这些研究发现，一个孩子如果出现累了，不听话，易怒或者不能轻易进入睡眠或是保持睡眠状态的时候，可能正是他过度疲劳的一个精确的身体反应。④对一个敏感孩子来说，被外界环境刺激到了，那么他的歇斯底里会更加明显。对孩子最好的就是在他还没有困倦的时候哄其入睡。一个可能的、持续的、早的睡眠时间可以是一家人能够睡够的一个最大帮助。

穿衣服

穿衣服也是敏感孩子的另一个战场。你细想想会惊讶，这么多和孩子的战斗竟然都是因为穿衣服！当孩子出生的时候，别人已经给了我们很多有用的小常识，来教我们如何教育孩子。例如，一个刚出生的孩子，我们会偏向给他穿一件活泼的印有章鱼的衣服。而对于超敏感的孩子，当你刚刚转过头，他可能就狂暴地呐喊、尖叫、打斗、抱怨、叹息、逃跑、哭泣，全因为那件你刚给他穿上的衣服。没有什么比你家孩子在你决定出发的时候发现他抛弃自己所穿的衣服，赤裸

---

① 《健康的睡眠习惯，开心的孩子》（*Healthy Sleep Habits, Happy Child*），马克·威尔斯布鲁斯（Marc Weissbluth）医学博士，修订版，第5页。
② 同上，第40页。
③ 同上，第72页。
④ 同上，第65页。

地、自鸣得意地站在那儿更能破坏你的一天了。

因为衣服而产生的争辩，会因为孩子的性格而注定存在。当孩子因为穿衣服而发脾气大哭的时候，他不是故意的，也不是很顽固。他只是对衣服的材料、突出的东西、衣服之间的缝隙很敏感。像是衣服牌子之类的东西他真的是不喜欢的，尼龙衣服的声音他也是忍受不了的，有领子的衣服让他感觉快要窒息了。毛衣会划伤皮肤，鞋子会让他感到奇怪，他会闻到不同洗涤剂的味道，他的袜子太紧或是太糙了，或者是一颗微小的、你可能会花10分钟才能找到的小石子，正如非常出名的豌豆公主的故事，这个小东西真的会让他的脚感觉到痛。

你的孩子太敏感了，以至于这种东西真的会在身体上影响到他。他也真的没有夸大其词。当你接受了这个简单的理念的时候，你就会朝着友好的穿衣时间跨向第一步。你需要把孩子的性格特点想一下，才不会造成穿衣的困难。不喜欢的扣子，喜欢的衬衫变脏，不舒服的衣服，都会成为孩子巨大的灾难。从睡衣到外衣来一步一步训练孩子，给他一个缓冲阶段。电视或者是收音机都会成为孩子不能安心睡觉的理由，那么，有没有能让敏感孩子好好穿衣的独门秘诀呢？

最成功的能让孩子快速穿好衣服的方式是计划。举个例子，计划好充足的时间，想好究竟是你帮着孩子穿衣服还是让他自己穿衣服，在他快要换衣服之前提醒他。一个有规划的早晨可以让孩子养成习惯，知道马上就要换衣服了。在一个很少有干扰的地点给孩子换衣服，关掉电视和收音机，拿走玩具，给孩子可穿衣服的选择。你可以做一个家常衣柜和学校衣柜，供孩子在在家玩和学校上学之间选择。在夏天的时候不要将冬天的衣服放在柜子里让孩子看见，在冬天的时候只放冬季的衣服。镜子检查进展可能有助于你的孩子保持专注（除非他太分心）。如果你有一个活跃的孩子，你可能要找出合适他的方式让他行动起来。也许你可以给他计时让他脱衣服比赛，或挑战他把袜子反过来。游戏和幽默，总是能激励孩子超过最后通牒。如果你找到的工作方式是和你的孩子合作而不是反对他，你的早晨会少很多伤痕。

　　准备穿着最好的方法可能是倾听你的孩子。如果他不能忍受某种风格的服装如有领衬衫，那就不要强迫他穿。他总是抱怨，它将永远是一个战斗。穿着有领衬衫，值得吗？如果你的孩子说他觉得热，那么他可能是觉得热的。让他脱了运动衫，即使你冷得已经蜷缩在毯子下。敏感的人往往有一个较窄的舒适范围温度。意识到你的孩子没有假装，他不只是为了激怒你。

　　购买你孩子确定会穿上的服装。如果你的顽皮宝贝不会穿连体服，不要买。和孩子一起买衣服是很好的选择，他和你在一起试穿店里的衣服，可以发现他是否穿着舒适。这可能是一个艰苦的工作，但你将展示给你的孩子：你相信他，尊重他的敏感。警告你一下，这可能需要多次购物。当你终于发现他喜欢的东西时，买它！你甚至可以购买一件以上。如果你的孩子能站着穿这件衣服，多买几件不同颜色的衣服。一旦你找到你的孩子可以穿的衣服，不要撕掉标签。不要把标签撕掉，直到你的孩子又一次在家里尝试穿它，并且宣布它确实是可穿戴的。

　　让孩子与自己合作真的是太重要了，但是有的时候孩子在特定场合需要特定衣服，这真让人发疯。这些场合包括家族合照、特定场合、聚会或是教堂。如果你必须强迫孩子穿上紧的、热的、痒的衣服，不要祈求你的运气可以让他忍到足够长的时间。首先，让孩子有预警，并知道你想要的，告诉他做完这些之后会有奖励的。如果能让孩子穿上衣服忍受一段时间，那么对他对你都是成功。当这个时间来临的时候，向你的孩子解释你的期望。告诉他你知道他不喜欢戴领带，但他必须戴。在他开始尖叫着配合之前，想一些奖励或让步的措施。你可以这样说："我们会把衣服拿到摄影工作室，你可以在他们拍照之前换衣服。在拍完之后我们马上换掉。我知道你能忍受穿着那件衬衫15分钟的。"

　　一个小小的计划可能会有很长的路要走。即使它现在还不是你想的那样，最终你会和你的小孩取得更大的成功。当你不再对孩子的穿着大惊小怪时，穿衣服的困难就会减少。成功建立在已有的成功基础之上，你不需要每一个早晨以摔跤比赛或战斗的形式解决孩子的服装。

你在特定时间可能会想，是不是只要告诉孩子如何做，就可以让他顺利地开始家庭娱乐活动了。然而，当你的孩子有一定的不想做的事情时，比如穿衣困难或不吃某些食物，你也会想，他是不是想操纵你。通常他说鞋不舒服，那他可能是真的不舒服，而不是想激怒你。

如果你有一件衬衫让你几乎是不舒服有点痛，但没有人相信你，你会被迫穿上它吗？然而我们经常用这种方式对我们的孩子，因为他们是儿童。

有的时候你可能会怀疑，孩子在利用他的敏感性占便宜，在事情上占上风。那么你就得决定，何时能让他占上风，何时不能。这个时候他就不得不穿上不舒服的衣服了。有时你的孩子要穿舒服的裤子或吃一口食品时，记住他是孩子，你必须掌握和他的战役的主动权，必须决定一双鞋子真的值得争吵吗？一件衬衫真的值得一战吗？衣服真的值得成为你和孩子之间关系的绊脚石吗？

将敏感性重新定义为慈善

敏感的孩子通常和其他人都比较合拍，他能够感知他人的悲伤、快乐与压力。这是上帝的礼物。当你的一周很痛苦而你的孩子又在宣泄时，他敏感的特性看起来就不那么好。但是随着时间的增长，孩子会把他的敏感融入到对别人的慈善中去。

你敏感的孩子已经朝着正确的方向走着。在某种程度上，他能感觉到别人是什么感觉。因为他天生敏感，所以他很容易感同身受。为了他能够更加发展他天性敏感的特性，他需要知道的是如何去显示他的善良。"哦，亲爱的。他感觉很糟糕，无法招架。"然后就弃之不顾了。必要的行动还是必要的。告诉自己的孩子如何走出同情的一步，将同情带到行动中去。

为他人服务是一个很好的提高慈善心的手段。那种"同情心服务"一般发生在教堂里，这指代那些能给他们精神、肉体和情感指引的服务。他需要一个能够感知言语不能表达的感情的敏感力，有一双能够看见别人善良的眼睛，还要有一

颗理解的心，知道什么时候说什么是合适的。①这个时候，你告诉一些他能够帮助别人对别人会产生怎样的影响是最好的。指出你可以做的好事。即使在没有你的提示下，你的孩子也可能会在未来缓解别人的孤独，因为他已经经历了帮助第一个寡妇的喜悦。你不能只是口头服务，你必须实践你所说的。你可能会惊讶于你敏感的孩子那么快速地找到需要服务的人。

另一种不容忽视的天生敏感，是孩子的精神灵敏度。当你觉得精神的激励或许存在，向你的孩子指出来。这是很好的机会，他感觉很好只是不知道它。在你的帮助下，他可以学会识别与验证相关的精神感受和精神激励。你的孩子可能会更敏感至上，声音比你想象中小，只因为他是高度敏感的。认识圣灵是所有人宝贵的工具，其中最重要的一个技能，你是可以教会你的孩子的。

灵敏度是领导力中的一个宝贵特质。最好的领导者是那些跟随他们敏感度的人。在教会，我们的领导人经常给我们能够明辨的礼物，这也是一种类型的敏感性。摩门百科全书引用史蒂芬·L.理查德（Stephen L. Richards）的话，"洞察力的天赋是辨别的能力……能够辨别什么是对的，什么是错的……主要是从一个敏感的精神印象出发……辨别什么是隐藏的魔鬼，能够找到隐藏的含义。最高级别的辨别……就是能够辨别……自己更好的一面，自己内在的潜质。"②

敏感是一种积极的特性。但是最好不要投入到超过敏感孩子能忍受的程度。试着记住，他因为袜子缝发脾气或是伤心的时候，是不是因为他的朋友今天不能陪他玩。当你的孩子在看一部卡通电影中的悲哀部分中间哭泣，或在别人难过时失去控制时，提醒自己，他已经比其他许多人向真正的慈善更近了一步。

---

① 《摩门教百科》，丹尼尔·H.拉德洛编，第1卷，"同情心服务"（Compassionate Service）。
② 《会议报告》，史蒂芬·L.理查德（Stephen L. Richards），1950年4月，第162页。

第九章

活跃度

Parenting

the

Ephraim's

Child

顽皮的孩子是天才

就像你的膀胱向你发射一个需求信号而在无回应时产生一种压力一样，一个非常容易兴奋的孩子的身体不仅是喜欢活动，而是需要活动。

这本劳拉·约费·努梅罗夫（Laura Joffe Numeroff）写的儿童畅销图书《如果你给老鼠一块饼干》（*If You Give a Mouse a Cookie*），开始于一个男孩给一只老鼠一块饼干。这种善意的举动有了一连串的反应，小老鼠最后开始打扫地板，把主人一家的家庭画挂在冰箱上。但是后来老鼠又饿了，男孩又给他一块饼干，他就要一杯牛奶；你给他一杯牛奶，他就要一根吸管……于是，这个圈子就开始无休无止地兜了下去。麻烦来了，你再也摆脱不掉他的纠缠了，到最后，家里一片狼藉，变成了一个乱糟糟的垃圾场，精力旺盛的小男孩终于被比他更加精力旺盛的小老鼠累趴下了，筋疲力尽地睡着了，而老鼠却又精神头十足地吃起了饼干。[①]这正是敏感小孩的写照。

顽皮宝贝特别活跃，他们可以把其他所有人丢在尘土里。这可能是最明显的属性。这些孩子经常移动，从一件事到另一件事，处在永恒的运动状态中，让你去追逐他们。但他们可以完成很多。故事中的老鼠成功地做了很多计划，而且，像故事中的男孩一样，我们中的许多人在这样高强度地消耗能量后，常常感到筋疲力尽。

也许在子宫里你第一次意识到孩子的极度活跃，你感觉到孩子充满活力的运动让你由内而外地遍体鳞伤。在婴儿期，这种极度活跃可能表示他不需要睡眠。在婴儿睡觉时，新妈妈也睡觉的这个建议只在她们的宝宝睡得足够时才适用。大部分新生儿在大多数时间里应该都在睡觉，不像我们非常清醒的顽皮宝贝，会每

---

① 《如果你给老鼠一块饼干》（*If You Give a Mouse a Cookie*），劳拉·约费·努梅罗夫（Laura Joffe Numeroff）编。

天睡三个或四个20分钟的小觉。比一般的孩子需要更少的睡眠，是顽皮宝贝的一个共同特征。不要觉得自己被骗了，你朋友5岁的孩子仍要每天睡3—4小时的小觉时，你2岁的孩子已经完全抛弃他们了。你有一个活跃的顽皮宝贝。

外向、活跃的顽皮宝贝是被包围在声音中的，因为他从一件事跳到另一件事。这些孩子容易被发现，因为你不仅能用眼看到他们不断地运动，他们说话、唱歌、尖叫、哼唱和喊叫，你也能注意到他们不断地运动。内向的顽皮宝贝也可以从一种活动转到另一种活动，但并没有相应的噪声。因此，他似乎不那么积极，但当你真的观察时，会发现他和大声的顽皮宝贝一样精力充沛。

很多时候父母想知道是否有一些方法使他们活跃的孩子平静下来。为了回答这个问题，我们将用一个玛丽的书《抚养精力旺盛儿童》中的例子。她写道，想象你被限制在一个房间内，在接下来的5个小时里，没有其他可用的房间。一个快速的精神检查应该让你知道接下来的5个小时里你的膀胱可能会多么不舒服。你可能会注意到体内越来越大的压力：你的膀胱可能会非常需要释放，你的大脑会告诉你要坚强并忽略越来越强烈的压力，但是如果你天生膀胱容量小，无论你的大脑会如何告诉你不屈不挠，这可能都不是一个精神战胜物质的事情。你可能会感到越来越紧张，你的身体急需释放。在这种情况下，你会是什么感觉？现实中你能够忽略你的身体需要吗？就像你的膀胱向你发射一个需求信号而在无回应时产生一种压力一样，一个非常容易兴奋的孩子的身体不仅是喜欢活动，而是需要活动。[1]

这个特征让人回忆起杨百翰关于以法莲族的话："他们是如此充满活力以至于他们不能控制自己……他们的骨头伴着力量疼痛。他们有这样的……生命、力量和活力，他们必须处理。"[2]很重要的、需要了解的一点是，你活跃的顽皮宝贝跳下家具不是要吓你。他不是不断地从椅子上掉下来刺激你。当他利用每个坐

---

① 《抚养精力旺盛儿童》，玛丽·西迪·柯尔辛卡编，第154页。
② 《证道录》，百翰·杨编，第19卷，第70—72页。

在椅子上的人玩爬梯时，他不只是一只简单的害虫。他不停地运动不是想让你筋疲力尽或让你分心。活跃的顽皮宝贝天生精力充沛，他只是需要移动他的身体，而且需要经常移动。

活跃与多动

活跃的顽皮宝贝的一般状态就是运动。他总是在运动，从一个活动跳跃到另一个，另一个，另一个……很多人会把这种不知疲惫的行动误解为多动症。然而，一个持续的活动与多动症不同。"hyperactive"这个词经常可作为ADHD（注意力缺陷多动障碍）的代名词。当用作一个诊断时，多动症指的是活动不能被停止，并且在很多场合是个麻烦。很多时候，在你的儿童时代，你会在某些环境下看起来好动，例如被扔到新的环境时；但是在其他环境中，并不多动。像我们之前讨论的，大多数顽皮宝贝当他们想集中注意力是可以做到的，而如果你观察，就会发现，即使是最活跃的顽皮宝贝都能够停止他们的运动一段时间。意识到这点是重要的，你不会把你的顽皮宝贝列为多动症患者。

斯坦利·特奇（Stanley Turecki）博士，《棘手儿童》（*The Difficult Child*）的作者发出警告，反对人们只是根据一个不可靠的特征（活动水平）去定义他们的孩子。他讨论了性质的另一方面，例如正常的情绪用在定义中会有怎样的结果。如果你的儿童通常是很严肃的，善于分析的，倾向于生闷气的，进入新环境很慢，许多人会快速认为这个孩子是抑郁的或者压抑的。然而，这通常仅仅是根据活动水平来判定。"如果我们没有其他的特点（自身的）定义一个孩子的状态，为什么用活动水平来定义呢？"[①]

很多时候，这些孩子能够快速从一个活动跳到另一个活动，是因为他们找到

---

① 《棘手儿童》（*The Difficult Child*），斯坦利·特奇（Stanley Turecki）医学博士，莱斯利·汤纳（Leslie Tonner），第66—67页。

了一个他们乐意转换的任务。然后，他们不再对他们刚刚做的事情有任何兴趣。他们已经准备好新的东西。如果你活跃的顽皮宝贝是这样的，无聊是一个很大的挑战。当你的孩子能够快速贯穿每个活动时，不断地想出来不同的、富于精神刺激的、有趣的活动是很困难的。

你的孩子如何学习

不足为奇的是，活跃的顽皮宝贝通常通过动手学习。他们是触觉或者运动学习者。琳达博士用她的书《与活泼机警儿童一起生活》的一章，来理解孩子是如何学习的。如果你的孩子在上学，这些信息会变得更加重要。以下部分是一个巴德关于心理学家沃尔·B.巴布（Walter B. Barbe）博士和雷蒙德·H. 斯瓦欣（Raymond H. Swassing）教育学博士定义的三个基本学习模式（触觉、听觉和视觉）讨论的总结。①

触觉学习者

所有的孩子都是作为触觉学习者开始生活的——他们通过做、触摸、品尝等学习。为了掌握身体任务，例如爬行、站立和行走，孩子们需要协调他们的身体。当他们到了上学的年龄，一些孩子开始喜欢另一种形式或风格学习。然而，高度活跃的孩子们保持触觉学习的时间通常更长一些。随着年龄的增长，也许7岁或8岁，他们可能混合触觉和听觉或视觉学习模式，但他们仍然保持很强的触觉回应。"没有方法避开它：触觉方法是学习的基本方法。"②

巴德博士指出，根据巴布和斯瓦欣，大约有15%的学龄儿童是触觉学习

---

① 《与活泼机警儿童一起生活》，琳达·S.巴德编，"第8章：你的孩子如何学习"（"Chapter Eight: How Your Child Learns"）。
② 同上，第170页。

者。[①]触觉学习的孩子，他们更喜欢行动和做事。甚至在谈论时他们都喜欢用动作词。他们"跳跃玩耍"或"从墙上反弹"。他们通过"感觉"拼写单词。他们的第一反应是进入行动，因此，他们显得冲动。当他们说话时会用手势，需要静坐时他们"坐立不安"。他们经常休息并且经常改变身体姿势。因为触觉学习者移动得如此多，人们倾向于认为他们是"注意力不集中"的孩子，或者将来的"神经成年人"。

我年幼的孙子曾让我读一些书给他。给这个顽皮宝贝阅读，可不是一件安静的事情。当你阅读时，他不会简单地坐着、听着和看照片。他会不断问问题，所以读书不仅涉及阅读原始的故事，还要解释这个故事，并且把他的所有解读也融入到叙述中。给他阅读书籍是一个重大的心理工作，读书的最后，我的身体受影响了。我的孙子不停地动，而且我经常被当作一架格子爬梯。他靠我看到更好的，然后他在我腿上爬，爬到我的腿上，站到我旁边的沙发上，从我后面的沙发爬上来，头跟我一样高，躺下来，然后换姿势时经常从沙发上掉下来。几本书后，我觉得有点受打击。阅读结束时，我已经准备好要小睡一会儿了。

听觉学习者

听觉学习者最好的学习方式是通过听。他们喜欢对话，但可能会很难等到他们说话。他们通常喜欢阅读对话，而不喜欢冗长的书面描述。年轻的听觉学习者常常哼吟、唱歌，和自己说话。他们可能讨论他们的问题，以达成一个解决方案。声音可能会使他们分散注意力，因为他们对噪声很敏感，他们通过改变音量和音调来表达情感。

根据巴布和斯瓦欣，大约25%的学龄儿童都是听觉学习者。[②]他们通过听觉接收信息和指令。发音阅读是听觉学习者最好的方式，这些学生通常在传统的学

---

① 《与活泼机警儿童一起生活》，琳达・S.巴德编，第8章：你的孩子如何学习（"Chapter Eight: How Your Child Learns"），第171页。

② 同上。

校做得很好，这些学校通常有很多口头指导。

视觉学习者

视觉学习者通过观察学习。他们用图形思考。他们学习阅读的方式是通过用眼识别或者整单词教学识别法，这个方法依赖于一个单词看起来的样子。外观和顺序是很重要的。乱序和移动会分散他们的注意力。他们常常提前仔细打算并且制订计划、记笔记或者列表。

根据巴布和斯瓦欣，30%的学龄孩子是视觉学习者。[①]老师有组织性并且在黑板上书写会让他们感到舒服。他们喜欢例子和视觉应用概念。

你可能已经注意到，还有30%的儿童没有提到。这是因为在所有的孩子中，大约有30%是通过混合模式学习的，也就是结合两个或三个学习的基本模式。成功的成年人使用的方法是从一个模式转到另一个模式，但通常保留一个偏爱风格，即使面对新的或者困难的材料。了解三种基本模式会教给你方法，来帮助你活跃的顽皮宝贝加强他的听觉和视觉能力。它也将帮助你与你的孩子一起弄清楚，为什么有的事情他能够很容易理解，而其他事情却很困难。[②]

精力非常充沛的孩子通常是触觉学习者。他们用身体来解决问题，这就是为什么他们把东西分开或自动爬上桌子去得到某个东西，而不是开口索要它们。他们的思维与身体分离。因此，直接用单词指挥你的孩子是极其困难的，你需要接触他的身体。一个办法是轻轻触摸你的孩子，同时给予指示。确保你的触摸是温柔的，抓住他通常只能激起孩子的反抗。你已经知道你不能把这些孩子控制在一把扶手椅上，活跃的顽皮宝贝更是这样。

---

① 《与活泼机警儿童一起生活》，琳达·S.巴德编，第176页。
② 同上，第170—176页。

能量预期和计划

这不是你的想象，你活跃的顽皮宝贝比其他的孩子活动更多。例如，所有的孩子都运动，但高能量的学步的孩子更活跃，并且维持高能量直到成年。对成年人来说，一个高水平活动被认为是珍贵的并且很有价值的。这些人擅长"多任务"，可以同时做两三件事。这不是我们想要阻止的事情。孩子们需要听到我们欣赏他们并认为他们丰富的能量是有价值的。每天熟悉和使用你的新名字。例如，将野性这个词替换成精力充沛。不要告诉你的孩子，他不受控制，而是说他的身体充满了能量。告诉他，他可以成为一个优秀的运动员或充满活力的员工。

更加适应你孩子的正常活动水平的一个方法是学习预期和计划。期望你的孩子是个小精灵，不要打击他。计划好你一天的活动时间，经常去公园，在后院踢足球，一起锻炼身体，用你的整个身体唱歌，创造你的孩子可以释放能量的地方。如果天气不好，把床垫放在地上，让你的孩子跳，翻滚。打开一个旧式折叠床，让孩子们将它作为一个蹦床来使用。如果你的孩子可以通过移动身体来释放一些压力，那么他在其他时间会更有能力来管理他的能量。

计划能量的一部分是仔细选择活动和环境，尤其是在公共场合。当你去某个地方吃饭，去一个有游戏区域的地方。当旅游时，计划停下来舒展一下腿。购物时最好让一个保姆在家里看孩子，除非你不介意他们穿梭在衣服架中，抓住眼前的一切。排着长队等候做任何事情，即使是在一个游乐园都可能是折磨。即使在家里也不要忽视计划。让你的孩子坐在转椅上，这样他可以待在座位上。让你的孩子在晚餐跑差事，得到更多餐巾纸，另一盒牛奶，等等。

在更罕见的情况下，像教堂或家庭聚会，试图为孩子计划一个可以活动的方式。如果你找不到方法让你的孩子适当地活动，那么他将会不适当地活动。在教堂，霸占整个座位，这样你的孩子有了空间，不会打扰别人。理解在餐馆一个悠闲的家庭晚餐将会是一个问题，晚饭后直接看电影最有可能是一场灾难，试图计划运动时间。一段时间后，在奶奶的脆弱的布满了小玩意儿的房子，带着孩子在外面散步一小会儿去探索。

非常活跃的孩子需要父母花费很多注意力。你总是担心安全，必须保持警惕，监控孩子的下落和活动。如果你是一个高能量的人，你可以跟上你的活跃的孩子。然而，如果你活动水平低，每一个手忙脚乱的一天你可能都会感到疲惫。即使你有很多的能量，这些孩子仍然可以让你筋疲力尽。计划的一部分是给自己计划一个休息时间。

显而易见的解决方案是找一个保姆，这样你就可以休息一下。不幸的是，这通常并不像听起来那么简单。你找谁去看你的孩子？你担心你活跃的顽皮宝贝会劳累到一个年长的人，然而年轻的保姆可能无法保证他的安全。不要失去希望。你可以找一个有足够能量而且成熟的保姆保证你孩子的安全。他/她可能只是需要你付出些努力去找到。青少年是一个可行的选择。从跟青少年一起工作的成年人那里得到建议，比如在高中或教堂。然后，安排一个时间来测试新的保姆。邀请保姆到你家，观察他们与孩子的互动。这可以给你的孩子一段重要的时间去适应另一个人，也给保姆预先展示他们将面对怎样的孩子。你也可以安排一个晚上，在你的孩子上床后离开，但提前告诉他，这样如果他醒来发现你不见了时，不会翻转掉下床来。

一旦你停止抵抗你孩子的高水平活动，你可以开始享受它。期望你的孩子将在所有地方，如果不是，那么你将有一个惊喜。如果你计划你的孩子是活跃的，然后你就可以花较少时间担心这个。对能量的计划也向你的孩子显示，你了解他要运动的需求。

清零

就像一个过于亢奋的孩子可能会变得疯狂和失控，一个疲惫的、活跃的孩子往往会变得更积极——他会疯起来，而不是歇下来。这似乎是自相矛盾的，你的孩子在他累时，加速了。毕竟，他从黎明以来一直没停过。然而，你可能会注意到，你孩子的永恒的运动的变化。它从集中能量移动到没有焦点的疯狂。这正是你的孩子要准备脱离控制。你甚至可以说他是走向"崩溃"事件。当这种情况发生时，你将面临着一种非常疲惫、非理性的、不可阻挡的感情，而你所做的任何事都没有帮助。

作为父母，在你的孩子"崩溃"之前进行干预是非常重要的。敏感的孩子需要减轻刺激，活泼的孩子需要帮助减速和解除。你的孩子不能平静，除非他学会如何平静下来。对活跃的顽皮宝贝来说，利用每天的休息时间也是一个好主意。然而，如果你的孩子度过他放松时间的方法跟你的期望不同，不要惊讶。如果你的孩子已经把床弄乱了，躺在地板上的床上用品中间，或者弄空了所有的抽屉或柜子，这也没有什么不寻常。这可能看起来不是休息，但是对触觉学习的顽皮宝贝来说，这个活动可能是平静的。我们的目标是每天给他时间放松，无论他怎么放松。因为你的孩子累了的时候更加活跃，而不是休息，你活跃的顽皮宝贝可能很难承认累了，所以不要等到他告诉你该休息了的时候再让他休息。试图找到你让他休息的机会，然后坚持下去。

当高活动水平是气质特征的副产品时

意想不到的小伙伴来了，你的孩子将窜过每件家具大喊大叫"无限和超越"，他转了几圈，避开客人的腿，像个野孩子一样。或者你在每星期的圣诞活动进行到一半时，你的顽皮宝贝离开了。你的孩子朋友过来玩，就在他走进大门时，你的孩子马上跳到他身上，和他在地上扭打。在这些情况下，你的顽皮宝贝的高能量真的是这个问题吗，还是另一个潜在的需要表达的情感？

有时，当你孩子的活动水平失去控制时，真正的问题不是他的自然能源量，而是情感与其他一些气质特征联系在一起。只是在一天的疯狂活动结束的时候，你的孩子是如何给你信号告诉你他累了，野蛮行为可能成为另一个信号，表明他被别的东西征服了。如果只是这样，只关注疯狂能量，跟治疗症状而不是疾病是

一样的。试着客观地看待形势，看看什么特征真正需要关注。

在上面的例子中，其他的气质特征最有可能是不可接受行为的起源。客人没有警告地出现在门口时，为你的适应力慢的孩子提供了过渡。一个长假经常会浇灭你敏感的顽皮宝贝的激情。顽皮宝贝是如此的激进，当他们兴奋和高兴看到一个玩伴时，会很难控制自己。而在他们兴奋时，又可以与其他的孩子一起欢乐。

如果你有一个非常活跃的孩子，当他的行为失控时要当心。当这种情况发生时，尽量确定你的孩子是正常的——无论是非常积极的自我，还是另一种喜怒无常的特征。如果它是另一种特质，那么你需要解决潜在的需求。发现这种行为的真正原因。不让他的动作掩盖真正的问题。

活动从一开始

不断活动的顽皮宝贝可能不是有了身体后才开始活跃的。这些精神最有可能"行道"①在来到地球之前。在《致命的弥赛亚》（*The Mortal Messiah*）中，老布鲁斯·R.马克康可（Bruce R. McConkie）说：

> 当我们通过从前生到死亡，我们学习那里发展来的性格和能力。真的，我们忘记了以前，因为我们在这里被测试，但当时我们还没有能力。莫扎特（Mozart）仍然是一个音乐家；爱因斯坦保留他的数学能力；米开朗基罗（Michelangelo）保留他的艺术才能；亚伯拉罕、摩西和先知保留他们的精神天赋和能力。凯恩（Clain）还是谎言和计划。所有的有无限多样的人离开天堂时，会挑选他们离开时的道路。②

---

① 《雅各书》，第1章，第22节。
② 《致命的弥赛亚》（*The Mortal Messiah*），布鲁斯·R.马克康可（Bruce R. McConkie），第1卷，第25页。

顽皮宝贝的精力和动力可以完成很多事情。他们的高水平活动是不可或缺的一部分。假设他们积极的精神能帮助确定他们死亡时的角色是不可能的。我们不希望让我们的孩子平静下来。我们所需要做的就是帮助孩子利用并指导他们将丰富的精力投入到有收获的事情中。完成主的工作需要大量的能量和活动。

引导高活动水平

这些孩子一天里可以做的事情是令人震惊的。你有多少次看见你的孩子在沙发上，让你最后非常崩溃，没法再多追逐他一分钟，希望他那样的精力你可以拥有一点。不受引导和控制的能量是破坏性的，但一旦得以利用它却可以完成奇迹。举个例子，电力，对我们的社会是至关重要的，我们几乎到处都使用。但是如果不正常引导，这是极其危险的，具有破坏性的。重要的是，要教我们的顽皮宝贝怎样疏导能量，让他可以有效使用它们。我们需要帮助我们的孩子积极参与，而不只是忙着消耗能量。

引导你的孩子好好利用能量。你活跃的孩子消遣时花费精力，或者他可以学习从完美完成的工作中得到价值和满足感。给花园除杂草，割草坪，清洁房子，打扫车道，或清洗盘子，将为你的孩子提供丰富的能量。不仅会减轻父母的工作负担，而且，更重要的是，你可以教会你的孩子如何工作。

良好职业道德的丧失是我们社会日益关注的问题。一代又一代的孩子长大时学不会如何工作，而进入职场时却被期望是知道如何工作的。如果人们不知道如何工作，就会缺少一个能回报天父的关键技能。尼尔·A.麦克斯韦曾经说过，"那些为孩子做太多的父母，很快就会发现，他们没有什么可以为孩子做的了。这么多孩子，太多事情已经为他们完成了。"[1]唯一能够学习如何工作的途径就是去工作，而学习的最佳场所就是在家里。

---

① 《少尉》，尼尔·A.麦克斯韦编，"基督人"（"The Man of Christ"），1975年5月，第101页。

享受爱动

你不会改变你的孩子活动的需求，所以为什么不接受它，并且享受它呢？明白你的孩子不会静坐在那儿，整个圣礼恭敬，会议保持安静，但他很可能也不会成为一个沙发土豆。鉴于你孩子的年龄，确保他身体安全的要求会越来越低。如果你教过你的孩子如何引导和集中他活跃的天性，你可以体验一个孩子知道如何工作和有能量完成很多工作的乐趣。当你的孩子长大后，他的爱动将是一种资产。他将在他的生活中处理很多事情，并且仍然还有能力致力于追求正义。

第十章

智力

Parenting

the

Ephraim's

Child

顽皮的孩子是天才

很多时候，顽皮宝贝的记忆力可以使你震惊。一个父亲笑着说，孩子的记忆力比他更好，一个小女孩可以记住一年前听到的歌曲的名称。

做好准备！顽皮宝贝通常是非常聪明的。他可能走路早，说话早，或者学习字母、颜色和数字的世界也早。话又说回来，他可能不会比平均情况提早完成这些事情。但在某些点上，你会发现这个孩子绝对是聪颖的。也许当你和3岁的孩子深入讨论为什么冰漂浮于水上时，突然，你发现这是小学五年级的科学问题。也许你在听你朋友讲他孩子的成就时，你不得不赞赏和微笑，你不会告诉朋友你的孩子早就会了。也许年轻的孩子在讨论中提出一个洞见，反映其不但投入了注意力，而且把概念内化了。这些才智的闪光使你忘却困难，骄傲自豪。你的孩子可以使你大笑、思考、劝解及因挫折而尖叫。

顽皮宝贝可以是令人惊异的创新思考家。他们可能不会"正常"地使用玩具，或者给出问题的预期答案。他们的回答是聪明和正确的，但往往是从不同角度看待问题。琳达举了一个例子，一个学龄前儿童被问道：窗户是什么做的，他回答由正方形和长方形。[1]答案是正确的，但不是"正常"的答案。

创新思想家的一个特质是创造性解决问题的能力。这些孩子使用不同的方法来得到他们想要的东西，这可能会让你大吃一惊。一个婴儿够不着毯子另一端的玩具，他就会把毯子拽过来。另一个孩子想与父亲一同干某件差事。问题是，他的父亲已经开车走了。他认为解决方案是问邻居谁有汽车开去商店。他的母亲指出，他们可能会错过父亲，因为他们不知道他在哪儿。孩子说可以给父亲打电话，但是父亲没有电话，聪明的小男孩找到解决困境的方法。这家商店有一个电话。打过去让他们找父亲，然后告诉他等他们驱车前去。这个聪明的顽皮宝贝发

---

① 《与活泼机警儿童一起生活》，琳达·S.巴德编，第21页。

现多个绕过障碍的方法。

从不同角度看待事情可以是一个宝贵的特质，我们都需要创新思考家——找到解决相同问题的不同方法。你可以鼓励孩子探索看待世界的新方式来培养这种天赋，不要马上告诉你的孩子他是错误的。

很多时候这些孩子的记忆力可以使你震惊。一个父亲笑着说，孩子的记忆力比他更好，一个小女孩可以记住一年前听到的歌曲的名称。

别忘了，顽皮宝贝通常边做边学。他喜欢移动、触碰，并动手操作事物。他喜欢探索。孩子经常会动手动脚解决一个问题，而不是谈论它，并寻求帮助。面对恼人的兄弟姐妹时，问题就变得头疼了。许多家长目睹顽皮宝贝对倒霉蛋施加暴力。在这些场合教孩子用言语表达是困难的，但也由于顽皮宝贝的语言天赋而是可能的。他善于争辩、质疑及只是不停地聊天。

有些时候，顽皮宝贝遇到困难只是因其才智超过实际年龄。他们有能力掌握知识，但是仍有情绪并且需要进一步成熟起来。高才智和高认知为家长创造了特殊的挑战。顽皮宝贝何时何地都能拾取信息。许多时候这些聪颖的孩子能够深刻思考问题。是什么原因造成地震？为什么太阳穿过天空？细菌如何入侵人体？为什么我们在外必须穿鞋？可以满足大多数孩子的模糊答案通常将不能满足你的顽皮宝贝。你要帮助孩子找到获得解答的方法及学习新的事物，而不是敷衍。用关注取代阻碍孩子的好奇心及创造性行为，培养孩子的求知欲并寻找合适的学习环境。

学校

顽皮宝贝喜怒无常的特质会使得上学成为麻烦事，但是其中许多孩子学业表现很好。他们爱学习，如果能够以自己的节奏来学习，他们会感到幸福和满足。但如果你的孩子遇到困难，有些帮助他的事是你能做的。

首要工作是和校长一起挑选教师，因为这样可以防止许多问题的发生。试试到学校观察不同的教师。确保教师们知道你不是判断他们是否是很好的教师，而仅仅是观察他们的教学风格及它将如何适用于你的孩子。在课堂上，挑一个跟你自己孩子相似的孩子，观察他。教师允许动作，还是对静静地坐着听讲的孩子感到最舒适？他的教学方式是多元化还是单一？该教师如何处理好动鲁莽的孩子？你认为教师的人格会冲击你的孩子吗？你观察的孩子在教室的氛围中感到很快乐吗？

当你找到理想的教师后，你可以亲自或以书面形式与校长洽谈。选择一个或两个重要的品质，并解释，比如，你的孩子会在允许动作的课堂学习中做到最好。如果可能，你的孩子能分配到史密斯夫人的教室，或托付给另一个类似教学风格的教师。大多数校长都会合作。春季有更多的时间和灵活性，许多学校将全力配合。

如果在学年中，或不能挑选教师的话，只能与现有教师合作了。谈论你孩子可能引起问题的人格特质。记得使用你日常的正面词汇。如果教师知道你的孩子需要活动，他频繁地摆弄削铅笔刀可能不会如此激怒她。也许你的孩子话多，喜欢问问题，教师预先知道就会有所准备。不要告诉教师要做什么，但是让她知道你想要跟她合作，使孩子成功完成学业。聆听她的顾虑和想法。一整年之中都与教师会面，观察事态进展。她可能也有意见，需要你在家中教孩子，比如先举手再把答案说出来。

一些小小的事前准备同样可以帮助你适应较慢的孩子。学龄前带你的孩子去学校，和他一起去找休息室、教室和饮水处。如果可以与新教师见面，就更好了。熟悉了环境，他就更好地应对噪声及其他20个左右的孩子了。开学前，你也可以同你的孩子谈谈学校，找出他的不安之处，尽量减轻他的压力，让他更有能量去面对和适应。事先的准备对实现学业有成很有帮助。

多元才智理论

通常，在标准的智力评价体系下，顽皮宝贝是聪颖的。然而，在其他评价方式下，你的顽皮宝贝也是聪明的。这超出了书本学习和死记硬背，上升到多元才智的层次，其中，情商也许是最重要的。

提起才智，我们往往只考虑智商。托马斯·阿姆斯特朗（Thomas Armstrong）在他的《七种才智》（*Seven Kinds of Smart*）中挑战了这一观念。他把才智定义为适应新环境及从过去经历中学习的能力。[①]近年来，对才智又有了一个更广义的观点。心理学家霍德华·加纳德（Howard Gardner）发展了多元才智理论，并提出至少七种才智是重要的思维模式。[②]

语言才智——文字上的才智

那些在这方面很灵光的人能说善道。他们通常喜欢玩弄双关语、文字游戏及绕口令。他们广泛阅读，清晰书写。记者、编故事的人、诗人及律师通常在语言才智上表现出色。

逻辑——数学才智——数字和逻辑上的才智

这是有序思考和推理的能力。他们思考因果、作出假设，寻找概念上的规律或数字上的模式，生命中充满理智。适合的职业是程序员、科学家和会计。

空间——图形能力——图片和图像上的才智

建筑师、摄影师、艺术家、飞行员和机械师通常有较强的空间—图形能力。这是种能够思考、转化及再现这个视觉—空间世界不同方面的能力，能够对视觉

---

① 《七种才智》（*Seven Kinds of Smart*），托马斯·阿姆斯特朗（Thomas Armstrong）编，第8页。
② 同上，"第1章：多种心理"（"Chapter One: Many Kinds of Minds"），第9—11页。

细节敏感，用图像表达想法，轻松地应对三维空间。

音乐才智——声音上的才智

这是作曲家和音乐家的才智，只要是听觉正常、唱歌不跑调、用心跟着音乐节奏的人都有音乐才智。音乐才智的关键特征是能够思考、赏析及创造节奏和曲调。

运动才智——身体上的才智

运动员、外科医生及工匠有这种才智，特点是娴熟地控制身体运动及操控物件，擅长缝纫、木工或搭模型，喜欢登山、跳舞、扎营、游泳等。这些乐于动手实践的人有较好的触觉敏感度，需要经常活动他们的身体。

人际关系才智——其他方面的才智

这是能够理解并与他人合作的能力。这需要考虑并响应他人的情绪、性情、动机及渴望，适合成为人脉调节者及教师。

反省才智——内在的才智

这种才智能够轻易地认识自己的感受，区别不同的情绪状态，用自省丰富并引导自己的人生。这类人乐于冥想、沉思或其他探寻灵魂深处的活动，他们高度自立及自律，目标明确，更偏向于单打独斗而非合作。

此七种才智我们或多或少都有一些，只是程度有别。不同于传统上智商的观点，多元才智理论表明，任何一个正常的人都可以发展完善任何一种才智到合理的水平。所以即使你的顽皮宝贝也许不是传统意义上的高智力，也可能在智商测试无法估量的其他方面表现出高度的聪慧。

情商

丹尼尔·戈尔曼（Daniel Goleman），《情商》（*Emotional Intelligences*）的作者，认识到加德纳的多元才智理论没有涉及生活的一个重要方面，那就是情绪。为什么高智商的人陷入困境，然而其他中等智商的人处事意外地好？加德纳辩解道，差别的原因在于情商。这些包括自律、振奋和坚持、自我打气的能力。不像基于遗传的智商，这些能力能教授给孩子，给他们更好的机会来利用遗传的才智潜能。[1]

戈尔曼把情商分解为五部分：[2]

知晓情绪

情商的基石是自我知觉，这是当情感发生时认识它的能力。能够监视每时每刻的情感是洞察心理和自我理解的关键。戈尔曼认为，不能知晓我们真实的情感就容易受到其支配，否则，就能更好地掌控自己的生活，因为能够更清楚对个人决定的感受。

管理情绪

一旦一个人清楚他的感受，下一步就是怎么控制它们，包括自我安慰，摆脱焦虑、抑郁和易怒。这种能力欠缺的人不断和负面的情绪作斗争，然后擅长此技的人却能很快从挫败和烦恼中解脱。

自我激励

善于自我激励的人做事多产而高效。为一个目标整理情绪对于集中注意力、自我驱动及掌握（方法）与创造而言是不可少的。情绪上的自我控制，延迟满足

---

[1] 《情商》（*Emotional Intelligences*），丹尼尔·戈尔曼（Daniel Goleman）编，第12页。
[2] 同上，第43页。

及克制冲动是取得任何成就的基础。能够进入流畅的情绪状态利于出色的表现。

认识他人情感的能力

同理心是人基本的素养，能够从不易察觉的社会信号中理解他人的需求，能够较好地自我觉知才能进一步解读他人的情感。

处理人际关系

在很大部分，处理人际关系的诀窍在于操控他人的情绪，这需要提高受欢迎度、领导力及人际效能。"社交明星"能够融洽地与他人打交道。

如果你与生俱来不擅长这些控制情绪的技巧，该如何学习和改进呢？除非孩子无法管教或明显犯了错，学校并不关注孩子们的情绪问题。社会大多关注传统意义上的智商，这通常与学习能力画等号。

> 学习能力并不能够应对人生中的风雨和机遇。高智商并不保证兴旺、声望与幸福。我们的学校及文化关注学习能力而忽视情商，常言道"性格"决定命运。情感生活就像数学及阅读一样，处理起来讲究技巧，需要一系列独特的能力。[1]

并不奇怪，情绪技巧在家里学得最好。

成为一个情绪导师

帮助孩子合理处理好情绪问题是我们的要务，我们就是孩子们的榜样，包括情绪方面。戈尔曼说道：

---

[1] 《情商》，丹尼尔·戈尔曼编，第36页。

家庭生活是我们情绪学习的第一个学校，于此我们学习如何感受自己及他人将如何对我们的感受做出反应，如何反思及响应这些情感，如何解读和表达希冀和恐惧。这情绪学校不仅包括父母直接对孩子们的言行，还有父母们自己处理情绪问题的模式。一些家长是天生的情绪教师，而另一些却麻木不仁。①

父母是孩子们情商教育的主要导师已经被科学研究所证实。康奈尔大学医学部的心理学家丹尼尔·斯特恩（Daniel Stern）研究父母和小孩子间日常小规模的、重复的交流。他相信情感生活最基础的课程就在这些亲密的瞬间，其中最重要的就是孩子知道他的情绪得到同情、接受和交流，斯特恩把该过程称为调和。他认为，无数次重复的亲子间的调和及不调，在孩子成长成人的过程中塑造其情感上的期望，也许这比重要事件起的作用大得多。②

从这些重复的调和中，孩子逐渐形成他人能并会与他分享情绪的意识。长时间亲子间调和的缺失会在孩子心中留下巨大的情感创伤。当家长不能够顾及孩子的喜怒哀乐时，孩子开始避免表达甚至感受那些情绪。同样，孩子可能有些情绪，这主要取决于如何响应他们。③

不管是否努力地与孩子打成一片，家长在孩子的情商养成中都扮演着重要角色。我们如何处理孩子的情绪？戈尔曼在他的书中讨论了三种最常见的不当情绪管理方式，④它们是：

忽视所有情感

把孩子的不安不当回事或者当作麻烦，让它随时间淡化和流逝。

---

① 《情商》，丹尼尔·戈尔曼编，第189页。
② 同上，第100页。
③ 同上，第101页。
④ 同上，第190页。

放任不管

这类家长认识到孩子的感受，但是坚持放任孩子处理情感风暴的观点，从来不介入，并试着向孩子提供另一种合理的情绪响应。

轻蔑地对待孩子的感受

这类家长通常不待见孩子，或者急于批评和惩罚。

我们的目标是成为情绪导师，把孩子的不安当作其心灵成长的机会。所以你必须认真对待孩子的情绪。它要求你花时间去寻找孩子不安的根源，帮助其找到安抚情绪的积极方法。情绪导师帮助孩子发现其感受并命名。比如，不只是感觉"糟糕"，孩子知道他感到挫败。

芭芭拉·万斯（Barbara Vance）在她的文章"孩子如何学习举止端正"（How Children Learn to Behave）中写道，在被接受的环境下能够认识及谈论感受的孩子，更能够遵守戒律和杜绝诱惑。通常，孩子要比大人更容易受到外在环境的影响，他们对环境刺激的响应更冲动、迅速和高度情绪化。

有时，弄清楚你孩子的感受可是具有挑战性的。当孩子们受情绪左右时，会向我们施加大量的"噪声"。我们会被卷入噪声的困扰而不是找寻问题的根源。当小孩放学回家时，把书包扔在地板上，并立即开始整蛊他的小妹妹，冲狗叫，粗鲁地对待妈妈，我们平静地设法问过什么事让他不安吗？我们努力去分析过他的行为背后的原因吗？还是我们仅关注地板上的烂摊子和野蛮的话？也许他不可能只是为了让你的一天很糟糕，而是因为发生了什么事使他这样，而他不知道如何处理它。[1]

在我们帮助孩子识别他的情绪后，思想工作还得继续。我们必须教导我们的

---

[1]《少尉》，芭芭拉·万斯（Barbara Vance），"孩子如何学习举止端正"（"How Children Learn to Behave"），1973年5月，第37页。

孩子如何处理情绪。作为一个情感导师，并不意味着仅仅由于孩子受情绪左右，你就让孩子摆脱不恰当的行为。你可以告诉他，虽然他觉得沮丧、愤怒、悲伤、被拒绝等，也不能对别人无礼。比如你的孩子生他哥哥的气。大部分家长能够教导一个愤怒的孩子不能做什么，例如，他不能动手打他的兄弟。教你的孩子一些行为是不恰当的很重要，但你的孩子仍然感到生气。他将如何处理感受，忽略然后随时间遗忘？

许多父母不采取下一步，教他们的孩子如何以适当的方式管理自己的感情。结果是，我们那些正在成长的孩子不清楚如何处理他们的情绪。缺乏情绪上的悟解会导致悲惨的境遇。可能有杀人犯在他年轻的时候从来没有学会如何处理愤怒、挫折和烦恼。一个因被取笑而射杀同学的青年可能不了解如何处理家中的尴尬和愤怒。

为了教导我们的孩子他们的感觉，如何管理他们最强烈的情感，父母需要亲力亲为，这是不容易的。孩子们会以我们为榜样来处理对愤怒、挫折和恐惧的感受。玛丽·西迪·柯尔辛卡在《孩子、家长及权力斗争》（*Kids, Parents and Power Struggles*）中写道：

> 恭敬地和选择性地表达强烈的感情，如愤怒和挫折，是可以学习的行为。你不必成为自己情绪的受害者。你可以选择你的回应。你不需要反应。当你做出选择，你的孩子在看在听。你是他们的榜样，用你的语言和行为教他们，成人面对一股强大的情绪时会怎么做。[1]

通过日常的互动机会，你可以教你的孩子如何管理自己的情绪。只是了解学习管理自己的情绪，不是一夜之间的事。它需要努力、时间和重复学习。当你的

---

[1]《孩子、家长及权力斗争》（*Kids, Parents and Power Struggles*），玛丽·西迪·柯尔辛卡编，第37页。

孩子在练习时，你可以支持和鼓励他们。当你与孩子一起增加他的情商时，你便成为了你孩子的情绪导师、他走向自律的向导。

由于其热烈的天性，顽皮宝贝有很强的情感，管教起来很累心，甚至令人惊恐。如果没有你的帮助，孩子该怎么处理情绪问题呢？有些人能够自然而然地控制好自己的情绪，但我们大多数人都需要帮助和实践。教导顽皮宝贝挖掘其潜力需要情绪管理，更好地理解和控制我们的情绪也能在精神层面帮助我们。

用心去理解

论及感情，我们经常谈论内心。爱是发自内心的，我们可以"伤心"或"感到心塞"。很多时候是心灵，而不是头脑，主宰我们的行动。精神之主经常对我们的心灵说："是的，看哪，我将在你的内心告诉你，圣灵在上，什么会降临，什么会居于你的心。"[1]为了真正理解精神问题，我们必须使用我们的内心和头脑。国王本杰明（Benjamin）告诉他的臣民："打开耳朵去听，打开心去理解，就能洞晓上帝的秘密。"[2]阿比亚西（Abinadi）告诉国王诺亚的祭司："你们没有用心去领悟，用心去理解。"[3]拉曼（Laman）和莱缪尔（Lemuel）参悟灵魂的最大障碍是沉湎于过去，不能感受言辞。[4]如果我们的内心更和谐，那么我们可以更好地理解和感受圣灵静谧而微小的声音。

拯救的才智

《兰登书屋韦氏大学词典》（*Random House Webster's College Dictionary*）定义

---

[1] 《教义与圣约》，第8章，第2节。
[2] 《莫西亚》（*Mosiah*），第2章，第9节。
[3] 同上，第12章，第27节。
[4] 《尼腓一书》，第17章，第45节。

才智："1.学习，推理和理解的能力；掌握真理、关系、事实及意义的能力。2.神智的敏感性和理解的迅捷性。3.表现出高的情智能力。4.理解的人员及法案。"①

与上述定义一致，我们把才智等同于知识或获取知识的能力。在我们的社会，许多的时间、努力及金钱都用来获取它。许多时候，世俗的成功就是教育和知识的反映。

老布鲁斯引用约瑟对才智与知识的差异的解释：

> 知识能以不当的方式获得，并使用在不当的地方。撒旦就是这样掌权的。才智意味着明智合理地使用知识，走向正直及最终得到欢欣。魔鬼虽因其知识有巨大的权力与影响，但完全缺乏才智的微光。一个有才智的人利用知识来与圣灵同进退，享有正大光明。②

顽皮宝贝可以不断以其才智和理解令我们惊讶。人们很自然地因学业培养他的才智，但我们不能忽视更重要的事。作为父母，我们需要帮助把顽皮宝贝的才智导向永恒及拯救的道路上，他可以发展自己的"拯救才智"。

孩子何时开始培养这种"拯救才智"？当救世主造访美洲人时，他放开了孩子们口舌的限制，"婴儿都张嘴说不凡的事情，这些事情是被禁止的，不能有任何人写下来"③。约瑟谈到这些孩子们说出如此伟大和不凡的事情的能力。他说就像机器仅仅被设定运动，这些孩子依靠已经掌握的理解来表达出不凡的事情。

许多次，顽皮宝贝能在比我们想的早得多的年龄理解事情。许多领导人告诉我们，要趁早培养孩子。我们读经文授教义给他们，因为他们懂很多。事实上，我们教得太含糊，可能会害了他们。他们在一个非常危险的世界中成长，必须适当地武装。我们会对顽皮宝贝懂得如此之多而惊讶，通过教授，这些孩子会认识

---

① 《兰登书屋韦氏大学词典》，"智力"（"intelligence"）。
② 《摩门教义》（Mormon Doctrine），布鲁斯·R.马克康可（Bruce R.McConkie），第2版，第386页。
③ 《尼腓三书》，第26章，第14节，第16页。

和理解真理。①

休·尼布理告诉我们，灵性的最高境界是被圣灵充满，"释放才智就有此般效果……才智不会被创造，……就像其他潜在力量，才智在那等着被释放"②。作为父母，我们可以释放顽皮宝贝强大的才智。我们必须尽力帮助他成为注定要成为的（人），完成注定要完成的（使命）。我们需要把他们的才智用于上帝的需要。这需要我们强有力的教育。如此一来他们不但有才智，而且具有的是"拯救才智"。

---

① 《史论集》（*Collected Discourses*），布莱恩·史岱文（Brian Stuy）等，第1卷，1988年6月第2版。
② 《休·尼布理著作集：走进锡安山》（*The Collected Works of Hugh Nibley: Approaching Zion*），休·尼布理编，第9卷，第81页。

第十一章
控制力

顽皮的孩子是天才

　　当我们总是打断孩子的行动时，我们就在控制他们。我们必须把不需要的控制权给孩子，从而控制我们真正需要的。

美洲最令我印象深刻的是家长顺从孩子的方式。

——国王爱德华八世（Edward VIII）[①]

　　每个人都喜欢有自己的方式，尤其是孩子。但有些孩子如此喜欢自己的方式，以致你觉得自己生活在一个崭露头角的专制统治中。许多顽皮宝贝是近乎狂热地去控制。他们想选择吃饭的椅子、盘、杯及镀银餐具；要吃什么及如何去做；更别提每种食物放在盘子的什么地方，往杯中加牛奶到什么刻度。他们也告诉你，开车的时候走哪一条路，去哪家商店和如何管教你的孩子。很多时候他们管理同伴，告诉其他的孩子玩什么，如何玩，有时教其他人应该说什么。

　　顽皮宝贝往往有较高的需要去控制。这可能与这些孩子的高敏感度有关系。受环境的极大影响，他们经常感受到身体和情绪的失控，因此他们无论在何处都寻求控制。控制欲强的顽皮宝贝让父母经常感到有一个暴君。

　　现在有什么可能使残暴的行为重塑成领导力？这些孩子自然地倾向领导别人。詹姆斯·E.塔尔梅奇（James E. Talmage）提醒我们："人的天性和倾向在生老病死前被上帝及圣灵所熟知。"[②]顽皮宝贝控制欲的人格特质是从生老病死前的灵那儿承续下来的。他们在那儿可能领导他人，承担很多责任，所以他们习惯地去控制。这章将帮助我们去协调惯于并想要控制的孩子。

　　你的孩子的控制欲可能会让你感到你的权威不断被质疑或破坏。要记住谁当

---

　　①引用页：http://www.quotationspage.com/quotes/King_Edward_VIII/.
　　②《信仰》（*Articles of Faith*），詹姆斯·E.塔尔梅奇（James E. Talmage），第172—174页。

家做主是重要的。你是成人，更了解这个世界、你孩子以及家庭的需要。这并不意味着你会成为独裁者。它意味着在一定程度上，你有最终决定权。对那些非一成不变，通常突然出现在日常生活中的问题，有些事情你能用来帮助控制欲强的孩子，同时保持你的权威。

如果你担心给孩子太多的控制权，记住，控制不等同于权威。你应该保持家长权威，但你可以经常尽可能多地给孩子控制权。福斯特·克莱因（Foster Cline）和杰姆·费伊（Jim Fay）在《用爱与逻辑抚育孩子：培养孩子的责任感》（*Parenting with Love and Logic: Teaching Children Responsibility*）中谈论家长控制的问题：

> 控制是一件令人好奇的事。我们越是放弃，我们越是增益。完全控制孩子的家长最终失去控制，他们与孩子作斗争以重新控制。在控制权的争夺中，我们绝不应该索取任何超过我们绝对必须的。我们总是打断孩子的行动。当我们这样做的时候，我们就在控制他们。我们必须把不需要的控制权给孩子，从而控制我们真正需要的。①

日常惯例

建立一个一致的日常惯例可以减少一些孩子的专制行为。如果他知道期待什么，他会感到更多的控制。当他一次又一次测试惯例时，很多时候只是确保边界没有改变。当那些边界不因父母的情绪或未知的因素转变时，你的孩子会觉得他还在控制。记住，顽皮宝贝讨厌惊奇，多变的生活充满惊讶。

---

① 《用爱与逻辑抚育孩子：培养孩子的责任感》（*Parenting with Love and Logic: Teaching Children Responsibility*），福斯特·W.克莱因（Foster W.Cline），杰姆·费伊（Jim Fay）编，第72页。

给出选择

帮助顽皮宝贝得到更多控制的方法是，给他应对发生事情的一些选择。作为成人，你给孩子提供可行的选择。这样，你的孩子有权在合理的选项中作抉择。例如，晚餐时，你可以让你的孩子决定吃两种蔬菜的一种。你不让他决定是否吃晚餐——这是不可协商的，但让他选择你预先同意的选项。你的孩子在晚餐有一些控制，也没凌驾你的权威。

然而，小心别给太多的选项或模糊的选择，这样反而产生不利的效果。如果你打开壁橱说，你想穿什么？有太多的选择了。你的孩子可能会迷失在过多的选择里，无法下决心，这将使她感到更加失控。为你的孩子提供两个或三个选择往往是最好的。例如，你可以问你的孩子，你想穿蓝色运动衫还是红色的毛衣，或为她挑选出三件外套。

你也可以帮助你的孩子认识到自己的行动就是选择。"你可以选择留在这里和尊重你的兄弟，或者你可以选择去其他地方。"虽然她可能不明白，行动即选择。她可以选择疯狂，或者选择一个不同的反应。有了你的帮助，你的渴望控制的顽皮宝贝能意识到，她其实有比设想的更多的控制，因为她总是在控制她的行动。

父母常常太匆忙或专注自己的事，而不允许年幼的孩子们有自己选择的权力。孩子用你的方式处理事情，会省事。很多时候父母用其权威去推行他们做事的方式，即使是对微不足道的事。有可能你的顽皮宝贝已经质疑你做事情的方式。寻找提供孩子选择权的方法可能要你转变思维，但如果你坚持努力，它会变得容易得多。想想避免和孩子进行权力斗争，人生将变得多愉悦，这激励我们做出努力。

有些场合，与顽皮宝贝进行权力斗争似乎是不可避免的。可能这是你参考本书的首要原因。如何做才能避免成为一个暴君或软弱的人？接下来我们将讨论你的孩子与你争夺控制的情况。

权力斗争

　　"是回家的时候了"，南森的母亲告诉她蹒跚学步的孩子。她已经给了她儿子警告，并让他有时间去习惯改变。他直直地看着他妈妈，喊着"不！"并朝另一个方向走去。他的妈妈平静地跟着他，轻轻地但坚决地，抓住他手领他到门口。孩子立刻全力挣脱，妈妈尽一切可能获得孩子的合作。最后她不得不抱起他，任由其踢打和尖叫，带他到门口。她不得不闪躲飞来的拳头和踢腿来给孩子穿衣穿鞋。整个时间里，她的儿子在声嘶力竭地尖叫并千方百计逃避。他的母亲终于受够了，失去冷静。她破口大骂，拉着她的儿子上车，搂着他。她猛地开车门，进入车的后座，那儿有个尖叫的怪兽。她发誓："我再也不做这个了！"

　　这种情况对于有过2岁小孩的父母来说是司空见惯的。它持续不断地发生在大于2岁的孩子身上。通常权力斗争是常态，对于具有控制欲的顽皮宝贝也是这样。玛丽·西迪·柯尔辛卡在她的《孩子、家长及权力斗争》中提到，权力斗争往往根源于孩子的情绪需求，除非这种需求被关注，否则斗争会不息不绝。"情绪是权力斗争背后真正的燃料来源。当你辨别出这些情绪，就可以选择策略教导孩子认识他们的感受是什么，并知道如何更加尊重和适当地表达这些情绪。"[①]这时，情商及情感技能可以派上用场。不是关注斗争，玛丽·西迪·柯尔辛卡建议我们关注背后的情绪，帮助孩子理解和控制情绪。权力斗争的频率会随着孩子情商的提高而降低。

　　为了做孩子的工作，你需要有一个通用的词汇量。至关重要的是，你要识别正在发生的情绪，给它们一个名字，形容它们，从电影或难忘的经历中指出例

---

　　① 《孩子、家长及权力斗争》，玛丽·西迪·柯尔辛卡编，第4页。

子。孩子会开始明白，他不是一些模糊的不安的受害者。他甚至可以在初始阶段识别该情感。当孩子认识到他们的情绪，他们不太可能对强烈的情绪感到惊讶，能在可控的初始阶段把握情绪。处理挫败要比暴怒容易得多。

有了这个自我理解，然后顽皮宝贝要学习如何管理自己的强度。她可以识别上升的情感强度，并采取措施安抚自己镇定下来。下一步和最终目标，是要确定情感的触发器。这样她可以预测，准备和选择适当的情感反应。有了这些技能，孩子能够更好地应对生活中的酸甜苦辣。他们学习认识自己的压力，并更好地识别他们的恐惧和焦虑，然后做出调整。这些孩子可以认识到其实应对压力是有方法的，感觉到有权控制他们的行为。

增加的情感意识也帮助孩子们认识别人的情绪。他们学习如何像处理自己的情绪那样处理他人的情绪，这样能够避免与他人的权力斗争。情商高的孩子能够更好地保持健康的人际关系。

在前面的章节中讨论过，我们可以教授顽皮宝贝学习这些情绪情感技能。你不要忽视情感或为此发疯，而要正视它，并帮助孩子理解和适当地对付它。从一个情绪导师的角度来看待权力斗争，将有助于消弭紧张的氛围。你要仔细聆听。它有助于你降到你孩子的水平，看着她的眼睛，让你的孩子知道她是值得你关注的。你的孩子会知道，你可以从她的角度看待事物，用共识代替对立的关系。正是这种情感连接让孩子与你合作。然而，这并不意味着，你总是说"是的"，个断妥协，放任孩子自由支配情绪。

成为孩子情绪导师的开始是你决定以一种不同的方式与孩子交流，并处理即将到来的权力斗争。在激烈的权力斗争中是很难退步的。不要被噪声所蒙蔽，你需要寻找孩子这种行为的原因。问题的关键是认识到孩子并非有意和你作对，孩子拒绝穿衣是有原因的，而非要让你感到沮丧。站在孩子的立场，并试图理解尖叫和固执的行为背后的情感需要。也许是你太催促孩子了，也许是你挑的衣服穿起来不舒服，或者也许是你的孩子出于某种原因害怕去上学。除非我们花时间去找出导致其行为的原因，否则我们不能在情绪上指导我们的孩子。

一旦你认识到孩子的感受，帮助她说出来。孩子需要你的输入来建立她的情绪词汇。然后，你可以帮助她找到解决现实问题的方法。确保是引导她而非填塞教学。给她一些时间和空间来发展这些技能，当你不在身边时，她就可以独立使用了。

教导你的顽皮宝贝发现和管理自己的情绪会帮助他建立一些今后人生最宝贵的技能。不仅如此，理解引燃权力斗争的情绪因素，你能与孩子心连心，而非站在彼此的对立面。你们可以立场一致，从而避免争斗。

虽然很多时候情绪会引起权力斗争，也有由于微不足道的一些原因而导致亲子作对的时候。和你一样，有时孩子只是由于懒惰或纯粹的矛盾而不想做某事。有时他只是想看看反抗父母的后果。失去理智的父母能成为消遣。也许孩子只是想要你的关注。用你自己的直觉来判断，权力斗争是需要情绪辅导，还是需要铁腕政策来处理。

将专横扩展至领导力

你有没有思考过孩子是否霸道这个问题？顽皮宝贝喜欢控制每个人和每件事。专横，虽然经常招致不满，如果引导正确可以成为优势。如果你教孩子控制情绪，与他人沟通好，那么，他的专横可以转化为魄力和领导力。

"人们到处都在寻找可以追随的领导。"[①] 几乎每个人都会在某个时间，在某处，以某种方式，领导另一个人或一个团队。我们的生活有意无意地影响着他人的生活。由于某种方式下我们都是领导者，重要的是我们学会良好的领导技能并教授给无论如何都会领导的顽皮孩子。

老斯特林·W. 西尔（Sterling W. Sill）强调优秀领导者的价值："如果有个

[①] 《后期圣徒的女人》（*The Latter-day Saint Woman*），第二部分，"第29课：发展领导力"（"Lesson 29: Developing Leadership"），第247页。

知道如何教导、启发、训练、监督、关爱和鼓励的人来指引方向的话，一个士兵可以更奋勇抗战，一个推销员可以出售更多的商品，一个孩子可以更好地完成学业，一个传教士可以招纳更多的皈依者。"①好的领导技能可以帮助我们改进自己，帮助别人，并加强我们与朋友和家人的关系。正如教会组织在世界各地扩张，我们中的多数人会来领导他人。

领导力最先是从家庭里学习的，在家里我们学习如何与他人合作，如何完成任务，如何分配任务以及寻求帮助。由于领导力需求随着机构重要性的提升而增加，家庭里的领导力被认为是最重要的。"没有其他的成功可以弥补家庭的失败。②作为父母，我们是家的领导者，所以要尽全力成为最好的领导。当我们这样做之后，我们就可以鼓励和帮助我们的孩子成为优秀的领导者。

孩子通过一个个小小的、持续的成功来培养有效领导者必要的自信。提供给孩子领导的机会，但要确保在这些事上孩子经常可以成功。我们通常说，孩子有一些失败的经验及伴随着的情绪是很重要的，之后他们就知道如何应对了。也许你的孩子可以教授一节课，主持一个家庭讨论，规划一个家庭活动或帮助一个年幼的弟妹。

教你控制欲强的顽皮宝贝更好的沟通技能也有裨益。向她展示表达想法和意见更好的方法。鼓励孩子去表达，但教她如何提供建议而不是下命令。当她开始趾高气扬地发号施令时，指出她需要柔和一点，否则没人愿意听从。帮孩子进行头脑风暴来找到更合适的表达心愿的方式，并和她一起练习。

上帝在《圣经》里揭示了做一个好的领导者所需的素质。主在《教义与圣约》，第12章，第41—45节中提到，领导者应具备以下素质：说服力、忍耐力、温柔、温顺、真切的爱、善良和慈悲。指导顽皮宝贝，将专横转成说服力，将急躁转成忍耐，这是我们的工作。孩子需要我们教导其如何温顺，又追随又领导。

---

① 《少尉》，斯特林·W. 西尔（Sterling W. Still）编，"问题总是一样的"（"The Problem Is Always the Same"），1973年3月，第34页。

② 同上

只有当孩子学习如何进行合作，吸纳他人的想法，他们才会成为社会希望的那类领导。当我们亲切地向顽皮宝贝展示如何将敏感转成温柔、真爱、善良和慈悲时，就能帮助他们成为更好的领导者。

Parenting

the

Ephraim's

Child

顽皮的孩子是天才

　　有的时候让你的孩子做自己想做的事情，是个挑战，尤其当他有困难，甚至失败的时候。父母希望给孩子最好的，不喜欢看他们挣扎，但这却是成长中重要的一部分。

一个年幼的女孩第一次去商场，她母亲想要陪同她去，确保她能够准确到达那里。但是她坚持说，"不，你来的话，我就走，你待在这。"最后，她自己一个人去那里了，但是有一个人偷偷跟着她，因为她的母亲还是不放心她的孩子。

　　一个小男孩拒绝他母亲在健身房器械上帮助他。其他母亲看着这个母亲，就好像她不照顾她的孩子似的，让她的孩子自己伤害自己一样。但是，他推开了他母亲的手，大声地说道，"走开"，然后重新回到无助中。

　　一个新的初级音乐会领袖问孩子们，如果他需要帮助的话，谁志愿领唱。音乐会领袖握着孩子的手，随着音乐挥动着手臂。除了一个小女孩，所有孩子的回答都是："好的。"她拒绝任何的帮助，摇着头，并把手藏到背后。"我知道怎么办。"她坚持道。她靠她自己指挥了这首歌，完全画出了数，她的小手在空中挥舞着，没有任何形状。

　　一个年轻母亲打算喂她生气的7个月大的孩子吃午饭。通常，她的儿子是很爱吃东西的，但是今天，他拒绝了任何食物。一个来访的老人建议这位年轻的母亲让孩子自己吃，于是，她就把食物放在长桌的托盘上。男孩立即静下来，开始自己吃饭。尽管还有些困难，这个独立的男孩依然自己完成了。

如果你有个独立的顽皮宝贝，那么你一定有一个坚持不懈什么都爱自己完成的孩子。他想要自己在汽车座位上系安全带，他想要自己走路，他想要自己穿衣

服。不管是不是他能够完成的，他都要自己完成。当他无法完成的时候，他就会变得沮丧和生气。他非常独立。

我们生活在一个传递独立双层意义的社会。在一些情况下，独立完成不需要别人的帮助是值得鼓掌的，独立和不需要别人帮助是令人钦佩的。另一方面，在生活的某些方面，我们还是需要别人的帮助的。比如，有些人在不努力的情况下需要依靠政府得到退休、医保，甚至他们的住房。第二章的态度可以帮助我们培养授权感——我们应该得到我们自己的权利——当然，人们不愿意靠自己努力获得奖励是存在问题的。

教育顽皮宝贝在适当的时间选择独立或者不独立非常重要。然而，在很多时候，这两种方式都是共存的，我们称之为相互依存。我们需要教育孩子学会把独立和不独立融合成相互依存。我们会更加详细地讨论依赖、独立、相互独立和相互依存。

不独立

过分独立就是主动地拒绝帮助——甚至在当他需要帮助的时候，需要学会寻求帮助。依赖和独立高度相反。然而，依赖优势也是合理和有用的。在生活中，我们也需要帮助和依赖他人，比如，医生、维修工、朋友、父母等。当我们无法一个人完成时，我们必须在一定程度上依赖别人。这种不独立不是有害和不良的，而是生活上必须的。

独立

独立的顽皮宝贝需要锻炼他们的独立性。戴尔评论他的文章"相互依赖：家庭和教会的目标"，很多家长看到自己孩子的独立性，并经常试图遏制、减少或改变它。"孩子不想与他人分享自己的玩具，但父母希望他们去分享；孩子想要穿梭在教堂中的主日学校，但父母希望他们坐着不动；孩子不想吃某些食物，但妈妈希望他们吃干净盘子中的食物。似乎有一个微妙的（有时不那么微妙的）斗争，成年人想疏导或控制，而年轻人，他们想独立和自由。"①不幸的是，对控制权的争夺和独立会发展成反抗，不断挣扎可以使反抗成为习惯。有些人太习惯于抵制权威，以至于他们花大量时间和精力就为了抵制。有时我们必须停止，让我们独立的顽皮宝贝可以独立。

有的时候让你的孩子做自己想做的事情，是个挑战，尤其当他有困难，甚至失败的时候。父母希望给孩子最好的，不喜欢看他们挣扎，但这却是成长中重要的一部分。唐纳德·K.贾维斯（Donald K. Jarvis）在他的文章"离开伊甸园：给父母的一课"中讨论了儿童第一步的任务——服从是多么重要。然而，随着孩子逐渐长大，他们必须学会独立行动。他说，从服从转向独立是很困难的。"理想情况下，父母应该帮助他们的孩子在锻炼成越来越独立的过程中经历一个循序渐进的、谨慎的转变。但在实践中，对父母来说，知道何时何地退后一步，让孩子获得自由是非常困难的。父母会犯错误——给予过多或过少。但是，即使父母的时机是完美的，他们也不能消除所有的疙瘩：在某个点上，所有孩子都会犯错误，才有机会从错误中学习。"②

不要自动假设你的孩子不能做他想做的事情，应该让你的孩子试一试它。你可能会惊讶于你的顽皮宝贝在没有你干预的情况下，可以做怎样的事情。你可以待在附近，如果你的孩子需要帮助。然后也许最好的帮助是口头帮助，这样你的孩子仍然可以自己做任务。不帮助你的孩子可能需要更多耐心，也许你自己做可能会快很多，但是你的孩子可以经历的成长值得这种不便。

独立的顽皮宝贝可以很积极地自己做事情。当他们的身体无法做他们想做的事情时，他们可能很沮丧。也许一个2岁孩子的手的协调性还不足够发达到扣上

---

① 《少尉》，威廉·G.戴尔（William G. Dyer）编，"相互依赖：家庭和教会的目标"（"Interdependence: A Family and Church Goal"），1971年2月，第36页。

② 《少尉》，唐纳德·K.贾维斯（Donald K. Jarvis）编，"离开伊甸园：给父母的一课"（"Leaving Eden: A Lesson for Parents"），1991年2月，第39页。

座位上的安全带。你需要帮助你的孩子找到适当的方法来表达他的不满，然后教他如何把任务分解成一些小步骤，然后可以更容易地完成。

年轻的、独立的顽皮宝贝通常需要更多的监督。他真的相信自己能够做任何事情，所以为什么他不能自己过马路？如果他能够独立行走，为什么他在公共场合需要牵你的手？顽皮宝贝通常的做法几乎没有考虑到会有危险。早期，安全通常是一个主要问题。

当你咬牙切齿，非常沮丧，你的顽皮宝贝居然5分钟也没有把袜子穿上但仍然拒绝让你帮助他时，只能想象他来到地球之前是什么样子。这些精神可能是独立的。最有可能的是，他们不等待任何人为他们做事情或提供帮助，他们自己做事情。他们可能是可靠的并且有能力的，他们很坚决地为自己做事并不令人惊讶，他们知道他们可以。

史密斯曾说："随波逐流，不需要特殊的勇气。让一个男人放弃世界和这个世界的愚蠢与罪恶，向上帝承认自己是个罪人，是需要勇气、气概、独立性、优越的智慧和人类不常见的决心的，离开不受欢迎的，从不会带给他们赞美和奉承，是需要勇气的，离开荣誉和好名声是需要勇气的。"①

相互依存

依赖和独立有一个时间和地点。然而，有另一种可能的，让人渴望的关系：相互依存。相互依存意味着相互依赖。"相互依赖：家庭和教会的目标"的作者威廉·G.戴尔博士在文章中定义，相互依存，是以合作或协作的方式使用彼此的资源。②

---

① 《会议报告》，约瑟·F.史密斯编，1903年10月，第2页。
② 《少尉》，威廉·G.戴尔编，"相互依赖：家庭和教会的目标"，1971年2月，第36页。

相互依存既不是完全独立，也不能完全依赖。一个人不可能不受任何权威控制。他不能独立于他人。但也不会只依赖别人，自己不负任何责任。相互依存是独立和依赖的混合。我们是相互依赖的群体。为了社会工作顺利进行，所有的独立工作，仍然是相互依赖于其他部分的。不幸的是，许多人不会与他人相互依存，我们可以在家里教孩子这个重要的技能。

关于反抗的后果和补救措施，戴尔说：

> 在我们的社会中，我们随处可见周围年轻人反叛的后果，他们在反抗权威或从来没有学会如何与权威一起工作。合作解决问题和团队合作必须在家里教会，这并不意味着父母允许他们的孩子做任何他们想做的事情，也不意味着孩子盲目遵循父母的所有意愿。相反，它是将爱、关心和信任作为共同的努力的条件的。[1]

威廉·戴尔也给了五个指导方针来帮助我们更好地培养相互依存。[2]

爱和关心

顽皮宝贝必须知道，他的父母真的将他作为一个人一样关心，而不仅仅是让他做父母告诉的事情。父母需要谈论他们的爱和担忧的感觉，无论这可能多么尴尬或困难。

信任

掌权者需要显示更大的信心和信任。父母应该信任他们孩子能做出正确的决定，并且需要给他们这样做的机会。约瑟夫·史密斯说，他统治后期圣徒，是通

---

① 《少尉》，威廉·G.戴尔编，"相互依赖：家庭和教会的目标"，1971年2月，第36页。
② 同上。

过"（教会）人民正确的原则，然后他们自己管理自己"①。而我们作为父母的工作，则是教会孩子们正确的原则，相信他们会在适龄情况下自我管理。

开放的沟通

相互依赖需要坦诚沟通。这意味着双方说话和倾听的机会。如果我们想要真正地理解，我们必须两个都要做。"大多数父母很少与自己的孩子分享他们自己的小想法。指导、命令、不共享。分享是第一位的，最终做出决策之前，是一个开放思想和情感的过程，产生一个好的决定。"②

共同的决定

在一个相互依存要求合作的世界，每个人都会要求平等参与所有的事情，但最后的决定并不一定是公平的决定。大多数时候，双方会听彼此，可以支持和制定一个解决方案来实现。

联合行动

相互依存意味着一起工作。在很多情况下，父母告诉孩子们该做什么。父母逼迫、控制或惩罚孩子，直到孩子妥协。通常情况下，他们很少一起计划和执行。

我们想教会顽皮宝贝相互依存的技巧，这样他们就可以在成年后更有效率地工作。能与他人相互依存，在就业市场会很有用，并且对一个成功的婚姻也是很重要的。相互依存关系并非暂时有价值，而是永远。

独立的顽皮宝贝拥有一个有价值的特征。更好地理解依赖、独立和相互依存的关系，可以帮助这些孩子建设他的国家。

---

① 《千禧年之星》（*Millennial Star*），约翰·泰勒（John Taylor），"教会组织"（"The Organization of the Church"），1851年11月第15版，第339页。

② 《少尉》，威廉·G.戴尔编，"相互依赖：家庭和教会的目标"，1971年2月，第36页。

第十三章
管教顽皮宝贝

Parenting

the

Ephraim's

Child

顽皮的孩子是天才

　　研究表明，减少孩子们问题行为最有效的方式是，通过积极的强化而不是通过消极的手段去试图削弱他们的行动欲。

在传授基本规律和价值时，父母需要有意愿管教他们的顽皮宝贝。作为父母，我们有基本责任教导我们的孩子，培养他们成为正直的成年人和家长。在上帝面前，"教导他们走得正直是我们的工作。"①这就需要管教。"如果家长不喜欢管教孩子，那么公众会以一种他们不喜欢的方式管教他们的孩子。如果没有管教，孩子们就不会遵守家庭或者社会的规则。"②

　　顽皮宝贝不仅仅会需要更多的管教，而且需要付出更多的努力和知识。这章主要是写我们在试图管教我们的顽皮宝贝时失败和绝望的感觉。那些想要尝试在教育上寻找快乐的家长在一天结束后回顾他们发脾气叫喊的次数、与顽皮宝贝的斗争而变得沮丧。他们理解管教孩子变得正直和成为有责任感的成年人的重要性，但是对于如何与孩子相处，他们无计可施。这章主要是我们寻找祈祷和诚实寻求的结果。

服从

　　管教的主要目的就是教会服从。对于很多人来说，"服从"这个词表明着压迫。如果要服从其他人，他们会感到这很专横。在一本书中，作者说过，"我们毫无疑问地定义服从遵循以下的原则，无论是哲学信仰，正确或者错误的想

---

　　① 《教义与圣约》，第68章，第28节。

　　② 《少尉》，詹姆士·E.浮士德（James E. Faust），"世上最难的挑战——成为优秀的父母"（"The Greatest Challenge in the World—Good Parenting"），1990年11月，第34页。

法。"①通常，"服从"这个词与"盲目"有关，暗示着服从是盲目的。

与盲目服从相反的是真理服从，它来自于理解。博伊德·K.帕克（Boyd K. Packer）散布一些重要的服从观点。他说：

> 后期圣徒不爱服从，因为他们被迫服从。他们服从，因为他们知道真理以及所有决定，这些可以作为他们自己的表达和对上帝命令的遵守。那些盲目服从的人可能知道很多事，但是他们不理解真理的真谛。服从源于真理，并超越控制的任何外在形式。我们不服从，因为我们是盲目的；我们服从，因为我们看得见。②

服从给我们自由，而不是压迫我们。马里恩·G.罗姆尼（Marion G. Romney）认为，获得自由源于信仰服从，而不是盲目服从。在他的文章"自由的全备律法"（The Perfect Law of Liberty）中，他说，"自由来自于对耶稣法则的遵守——灵魂的自由，自由的最高形式。我们要做的就是学习耶稣的法律去遵循他，学习它和遵循它是每个灵魂的生命的初衷。"③

服从不是伤害的或者压迫的。它是内在的概念，并要求获得祝福。"这是一个法律，在这个世界形成之前就无法撤销的法律，在所有可预测的祝福之上。我们获得任何来自上帝的祝福，断言的服从。"④服从也是获得救赎的前提。

不能因为你需要他，就用武力迫使你的顽皮宝贝去服从，认识到这点很重要。大部分的顽皮宝贝非常确定地不愿意去遵守，因为他们不愿意。记住，你的

---

① 《有尊严的纪律》（*Discipline with Dignity*），理查德·L.柯文（Richard L. Curwin），艾伦·N.门德勒（Allen N. Mendler），第23页。

② 《少尉》，博伊德·K.帕克（Boyd K. Packer），"代理和控制"（"Agency and Control"），1983年5月，第89页。

③ 《少尉》，马里恩·G.罗姆尼（Marion G. Romney），"自由的全备律法"（"The Perfect Law of Liberty"），1981年11月，第43页。

④ 《教义与圣约》，第130章，第20—21节。

孩子的确拥有是否去遵守的选择权，有些时候他们不会去表明自己有选择权。我们都知道，人很容易因为他们被告知要求完成某些事而变得愤怒。无论是什么事，他们都会选择去拒绝，因为他们是被要求的。

通常，家长会使用最后通牒的词汇，这样会升级矛盾而不是化解它们。像"你一定要""你必须"，或者"你只能"这样的短语会使你的孩子们自然地不想去遵守。有时候，使你家孩子去遵守只是靠表达和沟通。当你告诉你的孩子"别用这种语气"的时候，你就可能在使用最后通牒般的词汇。可以选择说，"我们会听你用冷静的声音讲话。"有时候，我们只需要选择合适的短语来避免时时命令我们的孩子。如果你选词恰当，你会发现你的顽皮宝贝会有更多的合作。

需要服从是重要而且必须的，但是推到极端，人就会变得很霸权。我们已经提到过《教义与圣约》，第121章，第39节，"只要他们得到一点权力，他们是大部分人的天性和倾向……他们会立即开始霸权。"

当我们教导孩子服从的时候，我们需要依靠精神，因为我们尝试"孩子灵魂的控制、支配和强迫，在邪恶上，目睹上帝撤销他们"[1]。

威廉·亚瑟·沃德（William Arthur Ward）曾经说过，"每一个伟人都是首先学会如何遵从，去服从谁，什么时候去服从。"[2]作为上帝之子，我们生来伟大。"服从"，詹姆斯·E.浮士德说，"帮助发展我们上帝欲望的潜力，就可以住在天庭。"[3]因此，教育孩子如何服从非常重要，但对于顽皮宝贝来说，是难以完成的。

---

① 《教义与圣约》，第121章，第37节。
② http://allthingswilliam.com/greatness.html.
③ 《少尉》，詹姆斯·E.浮士德，"服从：通向自由之路"（"Obedience: The Path to Freedom"），1999年5月，第46页。

管教顽皮宝贝的挑战

有些家长很幸运拥有好脾气的孩子。在《给顽固儿童设定界限》（*Setting Limits with Your Strong-Willed Child*）一书中，作者罗伯特·J.麦肯兹（Robert J. MacKenzie）曾说，这些孩子的家长不用学习有效地管教，因为他们的孩子很乖巧，甚至没有用的管教也起作用。顽皮宝贝的家长就没有这样的好运。他们的孩子讨论任何东西，反复考验父母。对他们来说，"停止"这个词就是个理论，他们想要知道他们动的时候会发生什么，也想要知道如何去发现它。他们继续检验和推动我们去看看会发生什么。①

说起来很相似吗？通常，顽皮宝贝挑战极限，需求、烦恼、争论和持久直到你只剩下愤怒和祈祷以及拥有更多耐心的奇迹。你知道如何在数秒内降低你的愤怒，他们通常选择做最难的事，没什么起作用，当你看到别人家的孩子服从规则，你会觉得自己家的孩子是怎么了，相信自己的孩子是没有问题的，你需要迎接管教顽皮宝贝的挑战。

为什么顽皮宝贝这么难以管教？这和你孩子的秉性有关。一旦你了解了他们的秉性，你就会理解为什么对他们的管教不起作用，为什么他反复挑战你。这就是为什么我们要在讲解管教前讨论顽皮宝贝的秉性特征。如果你跳过了章节，请你回到前面。你需要知道你孩子为什么是麦肯兹博士说的那种"投入了很多时间和精力，但是无法改变孩子的秉性。虽然我们不能改变他，但是我们能够以积极的方向去理解他、教导他、塑造他"②。

顽皮宝贝藐视或者挑战你的规则或者忽视它该怎么办？这些儿童学会做"难事"。在他们学会我们需要教育的课程之前，他们需要经历他们选择或行

---

①《给顽固儿童设定界限：通过建立严格、清晰和有礼貌的边界来消除冲突》（*Setting Limits with Your Strong-Willed Child: Eliminating Conflict by Establishing Firm, Clear, and Respectful Boundaries*），罗伯特·J.麦肯兹（Robert J. MacKenzie），第36页。

②同上，第25页。

为的后果。麦肯兹博士解释了，你的孩子时时通过试探挑战规则来看看他能得到什么。如果忽略这些规则，去让他们做他们不愿意做的事情，那么他很可能就不会去做。即使你拖延他5分钟或者10分钟，让他们完成要做的事情，或者给他们一半的时间，不让他们完成，也会增强他们的反抗性。如果是科学研究，实验需要重复检验结果。孩子们需要反复感受你的态度，让他们知道这是命令，而不是选择。[①]

顽皮宝贝们经常挑战管教，远远多于那些安静的孩子。这就是生活的事实。当你已经接受这是事实，而不是让你抓狂时，你可以改变你的态度和看法。在学习这节课时，麦肯兹写了他自己的感受。他写道，"孩子们的工作就是挑战，我的工作就是以正确的方式教导他们。我的新看法是不改变他们的行为，而是使我的生活更加容易。我不想抱怨。"[②]当你停止抱怨时，你就不再白花精力沮丧，因为你的孩子就是这样子的。你可以关注更有效的管教方法。

纪律VS.惩罚

我们需要理解的第一件事情就是纪律而不是惩罚。"纪律"和"学徒"是同根的。一个学徒是指一个学生，是需要被教育的。因此纪律就是培养正确的、规范的或者完美的孩子。在一篇英文文章"惩罚还是纪律"（Punishment or Discipline）中，作者指出，惩罚的另一方面是指"会遭到报应的，惩罚是直接针对孩子本身的。纪律针对的更多是孩子的客观表现，是我们需要为孩子做的一些事情"[③]。惩罚更多的是传递给人一种紧张的感觉，通常不是教孩子更好的行为。

虽然我们可以改变我们的语法，以及用"纪律"这个词来替换"惩罚"，但

[①]《给顽固儿童设定界限：通过建立严格、清晰和有礼貌的边界来消除冲突》，罗伯特·J.麦肯兹，第21页。

[②]同上，第6页。

[③]《少尉》，莱恩·E.弗莱克（Layne E. Flake），让娜·斯夸尔斯（Jana Squires），"惩罚还是纪律"（"Punishment or Discipline"），1983年10月，第39页。

是如果动机是错误的，那么它就仍然是惩罚。纪律是由爱来驱动的。爱不是一次行动，或者一种你可以学到的技术，而是一种指导我们行动的感情。"当爱充满我们的内心时，我们的行动就会折射出爱，而且我们的心愿仅仅是想让孩子们受益。当我们爱的时候，对于一个正在和他的弟弟争吵的孩子，我们就不会为此表现出失望的表情。当然啦，他们也会反映出我们的心愿，就是他不会通过一系列的习惯而伤害到自己。"①

基督是一个把爱用在纪律和培养中很好的例子。他对于他的门徒一些不完美的行为总是很耐心，尽管他坚持他的门徒们的一些不完美的行为是和爱相关的一些行为。但是他没有宽恕或者忽视这些不良行为。当他们需要纠正的时候，他就会教他们。当他这样做的时候，他总是会对他们表现出尊重。

当我们教育和培养我们的孩子时，他们也应该得到这种相同的关系。然而，我们在很多情况下都会把孩子们作为物品而不是个体，把他们推来推去，或者当不用的时候把他们扔到一边不管。当我们忘记孩子应该得到我们的尊重时，我们和他们的关系就需要调整和控制。我们需要记住，当你发现孩子正在用巧克力糖装饰浴室时，他仍然是有着无限价值的上帝的孩子。

尤金·米德（Eugene Mead）是杨百翰大学儿童发展和家庭关系的教授，他说，"我认为，在有效纪律中有两种主要的规范，第一种是家长会采取积极的方法去制定——去找孩子们做得对的事情，而不是惩罚他们的缺点。另外一个规则是关于家长可以把他们的孩子培养得有责任。"②我们将会简单地讨论第一个准则，然后在剩下的章节中钻研第二个规则。

---

① 《少尉》，"用爱去培养：家庭手册"（"Disciplining with Love: Handbook for Families"），1985年9月，第32页。
② 《少尉》，尤金·米德（Eugene Mead），"先奖励他们，然后再教他们责任"（"Reward Them, and Teach Responsibility"），1974年4月，第45页。

奖励好事

行为心理学把人类的行为看作是一种强化的结果。很简单的例子，被强化后的行为很可能被重复，而那些没有被强化的行为可能就会消失。在她的书中《用爱去培养：每天都有所不同》（*Parenting With Love: Making a Difference in a Day*），格伦·I.莱瑟姆（Glenn I.Latham）描述说：在加强孩子们行为的所有后果中，从来没有任何事比回避家长的注意力更加有力。"在过去的几年中……我一直都对那个很关注，平均来讲，孩子的所有恰当行为超过95%从来没有受到父母的关注……另外一方面，当孩子们表现不恰当时，家长会有五到六倍的可能性去关注他们的孩子。在极大程度上具有讽刺意味的是，最使家长烦恼的行为也正是家长所鼓励的行为。"[1]

通常情况下，家长试图让他们的孩子做出行动，如果孩子们没有就会惩罚他们。莱瑟姆认为，研究表明，减少孩子们问题行为最有效的方式是，通过积极的强化而不是通过消极的手段去试图削弱他们的行动欲。[2]当你的孩子们表现优秀的时候，奖励他们是最有效的方法，因为那会促使孩子们想要去表现。

为了奖励他们的优秀表现，你需要去捕捉到你的孩子们的优秀。对于很多家长，这需要改变观点。当你主要集中在还有哪里做错的时候，你怎么能奖励好的行为呢？首先你需要为孩子们去创造机会，去鼓励他们，给他们信任。卡罗尔·麦卡杜·瑞海姆（Carol McAdoo Rehme）在《少尉》中写道，她的家庭中会奖励为好事做出的努力。她说：

> 我们成为警惕的观察者，也对一些小的遵守规定和美好的行为而留心，而且我们对于我们的赞美很慷慨。我们发现，越小的孩子们越需要看到他们

[1]《用爱去培养：每天都有所不同》（*Parenting With Love: Making a Difference in a Day*），格伦·I.莱瑟姆（Glenn I. Latham），第13页。
[2]同上，第15页。

的行为的立竿见影的结果，而且他们很快就开始因为我们给的鼓励而更加积极。年长的孩子们需要我们对他们决定的支持，我们对他们努力的鼓励，我们对他们完成工作的欣赏……使我们惊讶的是，我们看到，孩子们会根据我们新的强调而取悦我们。①

那么问题来了：当你的孩子表现很好的时候，你在做什么？关于这个问题，莱瑟姆也给出了一些指导。他建议通过口头、抚摩或者积极的眼神交流来认可恰当的行为。这些积极的互动应该是大量的、大概每小时和孩子有二十个或者更简单、亲密的积极互动，特别是针对小孩。②改变积极的强化方法，不要一直都在说"干得漂亮"。

当你奖励好的事情时，你会自然地增加家中积极的环境。当提升之后，你会惊奇地发现，会有更少的差错。家庭成员在家中也会更加高兴和舒适，家也就成了一个更安全的避风港。然而，当要求纪律的时候你仍然会有时间。那么，我们怎么能更加有效地规范我们的孩子呢？

更加清楚

有效的纪律应该按照秩序来做，而不是混乱。第一步应该有一个计划。这其中包括一个和家庭规范一样的纪律计划。如果没有一个计划，对于每次状况，家长很可能简单地依赖于本能和情绪上的反应。作为成年人，你的规则应该是那些严格要求你的目标并且斗争到底的东西。这些关系到在正面情况下你有多愿意去满足你的孩子。

---

① 《少尉》，卡罗尔·麦卡杜·瑞海姆（Carol McAdoo Rehme），"影响的真相"（"The Truth of Consequences"），2000年4月，第32页。

② 《用爱去培养：每天都有所不同》，格伦·I.莱瑟姆，"第2章：当孩子表现良好时应该怎么办"（"Chapter Two: What To Do When Children Behave Well"），第23—35页。

如果你不想和你的孩子整天争论，那么你的基本原则要非常清楚以及准确，这件事是必要的。模棱两可的准则只能被开放式地检验，因为孩子们总是在寻找澄清的情况。在我们家，我们不会允许孩子吃太多糖，而且我们一直在讨论多少才是"太多的糖"。我们的孩子们一直和我们纠缠着要糖，这是很令人沮丧的，而且孩子们也是很沮丧的，因为他们认为的足够的糖和我们认为的有很大的不同。最终，我们决定写得清楚一些，从而结束争论。孩子每天只能吃到一颗糖，而且只在每天固定的时间。澄清这个准则后，还是没有阻止我们的孩子要更多的糖，尽管他们只是抱着试试我们会屈服的心态，但是2002年的糖果战争已经结束了。看看你们的规则。有一些纪律是需要澄清的，而且少一些主观意识。写清楚，没有问题的一些量，例如"一颗糖"而不是"足够的糖"。在定义"一颗"时是不会有问题的，然而在定义"足够多的"就会有问题。

如果你们的孩子足够大，花一些时间和他们讨论纪律。向他们解释为什么你要制定纪律以及你希望的问题。在确定一些家庭纪律的时候，给孩子一些说法。作为成年人，你有最高权力，但是每个孩子可能会有一些你没有考虑到的事情去提醒你。如果强制独裁，那么纪律也就是命令，或者孩子们的接受，对于一个有序的家庭是必要的。

始终如一

一旦纪律很清楚，你和你的孩子几乎不会有什么争吵，但是孩子仍然会以身试法。而且她会多次检验你。孩子们会持续检验纪律的极限。所有的孩子知道极限后都会感到安全，而顽皮宝贝更注重这一点。如果纪律一直在变化或者每次都没有实施，他们会疯掉的。就像一个夜晚的巡逻者，他一直在检查所有的门，即使它们已经在他上一次检查时都已经锁好了。这些孩子一直使门发出嗒嗒声，确保它们还是被锁着的。

我们曾经听过一个故事，是关于一个小男孩，他总是不洗手就开始坐下来吃饭，即使有要求他必须先洗手。他母亲每天都不得不让他去洗手，他母亲问他，为什么他每次都忘记这个习惯。他回答道，"因为有一次你也忘记了。"他也是在指望他母亲会又一次忘记饭前洗手这件事。顽皮宝贝要求纪律的一致性。当在一次不方便的时候或者地方发生了违反纪律这件事，我们可能试图让它顺其自然。如果你放松了实施规则，你的孩子将不会让你忘记纪律的。然后，当你准备好再一次坚守规则时，你已经使事情变得更困难了。一位母亲不让她的孩子在堂兄妹到访的时候有午休时间。在接下来的两个月，她的顽皮宝贝在午休时间提醒她，几天前他也不必有午休时间。不要松懈对你孩子的奖励，你必须始终如一。

父母双方要达成共识而且以同种方式执行纪律。如果父母双方都不统一，那么纪律不可能持久。老达尔林·H.奥克斯说，父亲主持而且有最终管理家庭的责任，但是培养很明显是一个共同的责任。而且父母在教育孩子的时候，都占据了领导的角色，双方必须共同商讨并互相支持对方……在完成"教育上帝的孩子"这种庄严的任务时，父母应该团结起来，一起努力驱散他们孩子生命中的灰暗。[1]一旦父母有意识地团结起来，他们需要愿意为了那个目标一致行动而做出牺牲。

在文章"惩罚还是纪律"中，作者莱恩·E.弗莱克和让娜·斯夸尔斯写道：

> 为了纪律变得有效率一些，它必须是可以预测而且是保持一致的。孩子们需要知道爸妈说到做到。如果纪律只是有时候成立，那么孩子们很快就知道，一定的环境和情形下将会是不礼貌的避风港。教堂服务、餐厅，或者杂货店通常是这样的避风港。甚至当客人在时，家也会变成不礼貌的避风港。一些孩子发现在一些条件下没有纪律的威胁时，他们可以举止不端，因为他们的父母不希望尴尬或者麻烦。在其他情况下，父母可能会感到太累了而不

---

① 《少尉》，达尔林·H.奥克斯，"家庭养育的领导力"（"Parenting Leadership in the Family"），1985年6月，第7页。

愿意被家庭纪律而烦恼。当孩子们认为指望不了他们的父母会维持纪律，他们就会对家长的权威失去尊敬……且如果他们从来不确定他们的哪种行为会激怒父母，他们可能会变得没有安全感。①

配偶之间保持一致是很重要的，但是你首先必须和你自己保持一致。你的言行动作必须保持一致。很多次我们都会说着一些事情，但是我们却是做另外的事情。当我们的语言和我们的行为不匹配时，孩子们需要学会忽视我们的语言并相信他们所经历过的。当你的语言和你的行为保持一致的时候，那么你的孩子将会开始更加认真对待你所说的和你的语调。你的顽皮宝贝是怎么知道你所说的纪律真的是你要实践的纪律呢？他会做检验。记住纪律和期望之间的差别，而且什么时候你需要不变或者什么时候需要更加灵活。当你的孩子在违反纪律的时候，他需要知道，每次只要他做，你都会阻止他。

严格

一旦你的纪律是清楚的而且是保持不变的，那么你需要信心满满地去行动。你的孩子需要清楚，统一严格的限制在正确的方向上引导他。为了和固执的顽皮宝贝强化纪律，你必须要严格。单词"严格"意味着要表现出决断果敢。这并不意味着大喊大叫或者用生气的语调，而是使用一种表示你是认真严肃的语调——你说到做到。如果作为一个家长，你没有足够的信心，那么，你可以像"新的工作人员在出门之前会认真练习和训练"那样，抓一个配偶或者朋友进行角色扮演，以便你可以一直练习到很严格。如果是一个人，那么在镜子前练习。

严格并不意味着你就是一个坏的家长，也不表明你关心得少。当谈及纪律时，上帝对他的孩子们也很清楚和严格。不可偷窃。这期间，结束讨论。为了收

①《少尉》，莱恩·E.弗莱克，让娜·斯夸尔斯，"惩罚还是纪律"，1983年10月，第39页。

获高兴，对于每个人都需要采取措施。

当你对你的孩子说"不"的时候，它真的意味着"不"吗？在《给顽固儿童设定界限》一书中，作者罗伯特·J.麦肯兹讨论了严格的限制和软限制的差别。[①]严格的限制是清楚的信号。它是由被希望而且被要求服从的有效行为来支持的。软限制是关于我们的规则以及期待有着混合的信息或者不清楚的信号。

软限制理论上是一些纪律，但实际上却不是。行动不能支持语言，因此可以选择性服从。结果，孩子们学会不理会、忽视我们的话，以及更加频繁地去做一些行为。"软限制需要检验，因为它们带有混合信息。那些词像是在说阻止，但是行动的信息是在说既不希望也不要求阻止。"[②]许多次孩子们都认识到这个信号，但是一直在做他们想做的。对于顽皮宝贝们，软限制通常导致检验和权力斗争。

你用了软限制而不是你的意识，总是存在这样的概率。这里有几个典型的软限制的例子（改编自《给顽固儿童设定界限》）：[③]

1. 愿望、希望和应该。"我希望你不要拿走你妹妹的玩具"就是一个例子。这就给了关于停止会是好事的信息，但是真的不是必须的。

2. 重复和提醒。当你告诉你的顽皮宝贝关掉电视，而且他没有做的时候，许多家长在做任何事之前会重复四次确保合乎规定。你的孩子怎么知道你说的哪一次才是真的意思？

3. 警告和第二次机会。实际上这些只是让你的孩子多次表现不合规矩，没有任何有意义的结果。

4. 解释和原因。你的孩子只是不得不听你解释一些事情，而且他仍然不会去遵守。

---

① 《给顽固儿童设定界限：通过建立严格、清晰和有礼貌的边界来消除冲突》，罗伯特·J.麦肯兹，第77页。.

② 《给顽固儿童设定界限：通过建立严格、清晰和有礼貌的边界来消除冲突》，罗伯特·J.麦肯兹，第77页。

③ 同上，第76—95页。

5. 演讲、讲座和训诫。如果你的孩子可以忍受任何的讲座，她就能做任何她想做的事情。

6. 忽视和不合规矩。我们已经讨论过，为什么这些对顽皮宝贝不作用。罗伯特也说过，"是什么让我们认为绿灯的缺失意味着红灯？最好它是黄灯，而且我们知道孩子们有多么强烈的愿望会去响应黄灯。"[①]

7. 不好的角色模拟。当你吼着你的孩子就像是吼叫一样，那么你正在模拟你在惩罚的相同的行为。

8. 恳求、祈求和哄骗。这会传递出一个信息，就是你很喜欢这样子。

9. 讨价还价和洽谈。对于顽皮宝贝，这通常会使得服从是可选择的。

10. 争论或者辩论。这些传递了一些你的规矩主要倾向于讨论和争辩的信息。

11. 贿赂和特殊的奖励。合作被看作是可选择的而且视受到的奖励而定。

严格的限制，另外一方面，清晰的交流规矩和期望。父母说停止，就应该按照他们的命令强化这些话。严格的限制是以清晰、直接而且具体的行为语言来描述的，这些语言都是由行动来支持的。用严格的限制，孩子们就会理解，我们的意思就是我们所说的，因为他们正在做他们所听到的事情。言行要保持一致。他们会学着认真对待我们的话，少检验，而且比询问更多的是合作。结果就是更好的交流，少检验以及更少的权利斗争。[②]

严格的限制会给出清楚的信息，以便于你的孩子能够做出自己的决定。你告诉你的孩子，他的决定是什么，然后再告诉他一些解释信息。"去把你地上的玩具捡起来，否则我会把它们放起来一个礼拜"就是一个严格的限制的例子。"如果你把你的玩具分享给小伙伴们，他们将会回家"是另外一个例子。这两个例子都是严格的限制，而且如果你的孩子选择不去遵守，你必须坚持到底。

严格的一部分是需要镇定。愤怒的、戏剧性的和很强烈的情绪都会削减你信

---

① 《给顽固儿童设定界限：通过建立严格、清晰和有礼貌的边界来消除冲突》，罗伯特·J.麦肯兹，第83页。

② 同上，第95页。

息的清楚性，而且会分散你和孩子对事件的精力。在辛西亚·托拜厄斯的书《你无权管我》中，讨论了如何让你的行为比你的情绪更加有效。她同意这些孩子的家长经常有对他们孩子行为生气和烦躁的理由。"但是生气通常是改变你孩子态度或者行为最没有效果的方式。如果你总是用生气来控制你对规矩的应用，你几乎注定是会失败的。"[①]

为了严格，正如权威人士一样，你也必须要承担责任，而不是强加在别人身上。当家长像这样说一些事情的时候就会出现这种情况，"奶奶不想让你玩那张照片"，而不是说"不要玩那张照片，否则的话你必须要去另外一个房间"。第一句话使得奶奶成为替罪羊，以便于你的孩子对她生气，而不是我们。当你意识到你将会对你的顽皮宝贝做出强烈的反应，应该在什么时候试图去分散或者管理。使用严格限制要求我们承担责任，但是也使得我们有绝对的主权。

你已经澄清了你的纪律，你也承诺言行一致，而且你准备好要严格而且当你的孩子正在做一些不应该做的事情时，应该去阻止他。然而，我们需要更进一步地自律而且教育孩子选择和后果的重要性。"爱之深，责之切。"[②]是的，我们需要去纠正，但是要怎么做呢？

使用纪律去教育——自然后果

"纪律不单单是控制的手段，直到孩子成熟到可以承担责任的成年人。当然，它应该是一种方法，我们用来教育和逐渐灌输责任的方法……纪律是一个教育自控和有责任感的绝佳手段。"[③]为了培养有责任的、忠实的孩子，我们必须教育他们去管理自己。那些学会管理自己的孩子们为他们的情感、思想行为和决定而承担责任。因为我们的孩子不会总是在我们的监管下，所以我们要尽快让他

---

① 《你无权管我》，辛西亚·乌利希·托拜厄斯编，第95页。

② 《谚语》（*Proverb*），第3章，第12页。

③ 《少尉》，莱恩·E.弗莱克，让娜·斯夸尔斯，"惩罚还是纪律"，1983年10月，第39页。

们可以使用正确的判断力和理解去评价他们自己选择的后果。①使用纪律去教育要求会比责骂或者是不恰当的行为产生更多的工作量。当纪律涉及不恰当行为的自然后果时，它就更具有效性。

"当我们像外星人一样生活在精神世界中，像上帝精神上的孩子一样有自由的选择权，被赋予了选择的能力，但是我们过去和现在都会被告诫，正如亚当，我们必须承担我们选择的后果。"②上帝已经确定，我们有自主权去选择，但是每次选择都不可避免地和结果有关。如果你选择不看车而穿过街道，你可能会被一辆车撞倒，那就是你做出的决定的后果。

不幸的是，许多人想去避免他们行为的后果。我们需要允许我们的孩子承受他们行为的后果，无论是好还是坏。"不要保护你的孩子不受到他行为后果的影响。作为一个家长，如果你插手干预，保护你的孩子不会受到他行为的自然后果，那么他去学习生活技巧的机会就会受到阻碍。"③

真正的纪律教会孩子们从他们的失误中学到东西，当父母不在他们周围保护他们的时候，他们不会重复犯同样的错误。这就要求他们在做出结果时可以接受他们的角色。当管教后果时，我们必须要协同努力，从归咎和责备转变重点到培养以后的行为变化。你的孩子不会因为她破坏了纪律就是一个坏人，但是她必须要经过调整。通过这样做，她就很有希望从她的错误中学到东西而且在以后会改变她的行为。

在《有尊严的纪律》一书中，作者理查德·L.柯文和艾伦·N.门德勒提倡用一种自然的手段去训诫，而不是去惩罚。他们认为，惩罚收效甚微，因为通常意义上，惩罚和纪律是没有自然联系的。如果你的孩子打碎了东西，他必须要接受暂停处罚。如果你的孩子不遵守，那么他就得暂停。如果你的孩子把食物倒在地

---

① 《少尉》，"教育孩子管理自己"，1986年6月，第36页。

② 《富足的生命》，休·B.布朗编，第312页。

③ 《后期圣徒教会新闻》，"与毒品战斗：在青年时代树立自我价值有效帮助戒毒成功"（Combating Drugs: Building Self-worth in Youths Helps Them Survive），1989年5月6日，第5页。

上，他也要暂停。但是暂停和违反纪律有什么关系？惩罚似乎是起作用的，因为可见的违反越来越少了，但是关于责任的学习也很少。通过惩罚，孩子们学到的通常是他们不想被抓到。

和惩罚相对比，结果和纪律是直接相关的，既是自然的也是符合逻辑的，而且帮助违反纪律的人从这次经历中学到可以接受的行为。"他们的目的是具有指导意义的而不是惩罚的，因为它们是用来教育孩子们一些他们行为正面的或者负面的效果。"①当我们在用结果而不是惩罚时，我们允许孩子去体验他们行为的后果。一个孩子就会学到，如果他选择去做一些事情，即使他的家长不在那里惩罚他们，他也必须要面对行为的后果，他正在学习生活的重要事实。

在哪些情况下结果起到最好的效果……

它们是自然的而且是合乎逻辑的

当你用结果来约束他们，它们需要是自然的、合乎逻辑的（违反纪律的自然后果），而且有效的。在生活中，后果通常是自然的——它们通常也是因为一种行为导致。例如，当我们超速时被抓到，我们接受一张罚单——但我们不会像抢劫一样被关进监狱。

这里有一些自然后果的例子。一个小孩拉屎，那么就会被要求清理干净。如果一个小孩一直与来和他玩耍的朋友打架，那么朋友们就会知道，回家能使小孩控制自己不去打架。如果小孩拒绝吃午饭，那么她在晚餐前不允许吃零食。自然的结果是讲得通的，因为因果是有一个自然的过程的。

如果由于某些原因，一个自然的结果不是一个选择，那么结果需要合乎逻辑。例如，你不让你的孩子在闹市区玩耍的自然的后果，因此你必须找到一种可以代替的后果和这件事有逻辑地联系起来。在这个例子中，一个合乎逻辑的后果

① 《有尊严的纪律》，理查德·L.柯文，艾伦·N.门德勒，第70页。

可以是你的孩子被约束在前院一段时间。另外一个合乎逻辑的例子是如果你的孩子拒绝晚上待在床上，那么就不允许她睡在床上，必须睡在地板上一会儿。自然的后果通常也是合乎逻辑的。

当后果是自然的以及合乎逻辑的，那么就是有意义的。很难和一个合理的结果去讨论，而且作为家长，你不会去怀疑你的纪律是否恰当。生活就是这样起作用的。行为和后果是有联系的，而且当后果是自然的而且合乎逻辑的时，你能通过经验而不是责骂来教一些恰当的行为。

它们是和管理相关的

如果你的孩子打他的兄弟姐妹，而你让他睡在地板上，那么这样的后果会有什么好处呢？睡在地板上和打人是没有关系的。你的孩子可以从他的行为和后果中建立一个清楚的联系吗？这就是为什么暂停有时候不能起作用的原因之一。家长对于广泛的违背纪律的行为采用暂停处理，而且暂停也仅仅和非常小的一部分被破坏的纪律是有关的。如果后果和纪律不相关，那么孩子们将会很难看到两者的联系。

它们是一致的

可预测性对于帮助孩子们理解他们行为引起的后果是很重要的。当后果是随机的，孩子们会开始怀疑它们是否会影响他们的未来。如果家长对一些小事放任不管，当他们慢慢到达崩溃点，然后因为一些小事而突然暴发（像是稻草会压坏骆驼的背一样），给了孩子们一些混合的信息。他们将会很难去预测他们行为的后果。

它们是清楚而且详细的

为了你的顽皮宝贝去管理自己，在早些年你需要很清楚而且详细。你需要告诉他，你为什么要设定这样的后果。小的时候，孩子会有个朦胧的关于因果

175

的概念。需要去教他一些本质的东西，而且为什么一些决定会导致特定的后果。这并不意味着很长的解释"假如……会……"，这将会使你的孩子耗尽注意力，使你的理由简洁、清楚和详细。"你选择把房子弄得到处是泥巴，因此你需要去把地板擦干净。"

后果的严重性和行为所处的环境是匹配的

后果需要去匹配行为。一些纪律比其他的一些更重要，通常需要更严厉的后果。例如，敲人或者打人是比把泥巴弄到地板上更严重的行为。如果太过于强有力地去传递这个消息，后果会变成惩罚，而且如果它们太严格或者不协调，就会变得没那么有效果。另一方面，如果你不把后果实施得足够严格，你的孩子不会获得他行为后果的合理想法。当纪律失控时，可能家长就会犯最大的错误。

有几种情况下打屁股是和其他纠正错误行为一样有效的。教堂对家长的指导表明，物理的惩罚要少用且需要克制。①事实上，以任何频率去用物理的惩罚都会失去它的有效性。而且它对于顽皮宝贝一点效果都没有。一些想要睡觉的家长，疯狂地想要找到能够让他们的孩子晚上待在床上的东西，因此决定用打屁股。在每次打完屁股时，孩子都会看着家长，像是在说，"那就是你能做的最好的吗？"而且他仍然不会去上床睡觉。最终对这种坚持不懈的顽皮宝贝起作用的是使用后果。

打屁股最大的问题是，它通常是用了一些错误的理由。没有纪律，特别是没有物理的纪律，应该用来发泄我们的愤怒。可悲的是，许多家长在他们利用物理纪律的路上走得太远。最近，在教堂内外都关注了很多辱骂孩子的信息。清楚地掌握一些事情是明智的，因此对于危险的恐惧就会少一些。

---

① 《少尉》，"用爱去培养：家庭手册"（"Disciplining with Love: Handbook for Families"），1985年9月，第32页。

使用需要更多努力的后果

有着后果的执行纪律要求更多的控制和教育。父母需要放慢速度并学会行动，而不是去对一种情形反应。对于每一次违反纪律，他们不可能都飞速地去处理和把孩子们遣送回屋。父亲和母亲不应该带他们的情绪去审视每一次情况并决定去做什么。然后他们再去行动，不管他们有多么累，不管是多么不方便，不管是谁在现场。

"有时候当我们纠正了孩子们，我们很少对这些情况作出反应。孩子的行为打乱了我们的计划或我们作为好家长的形象，会生气或者沮丧。带着这样的情绪去做出的决定，很少是有益的。它侵蚀了我们和孩子建立起来的关系，损害了他们的自尊心。但是当我们学会去管理我们自己的情绪，屈服于精神上的窃窃私语时，我们能够使纪律成为一种可以学习的经历。"①

通过后果来实施纪律可能需要比你曾经需要的更多的努力，特别是一开始的时候。额外的努力会值得吗？如果你已经厌烦西方的巫术，那么它就值得。如果你想要少惩罚而更多的享受你的顽皮宝贝，那么它就值得。如果你想要一个有责任心而且可以管理好自己的孩子，那么它就值得。记住一句古老的谚语："以一个孩子应该走路的方式去培养他。当他老了的时候，他不会忘记这些方法。"②毕竟，去培养孩子比去纠正成年人更加容易。

---

① 《少尉》，"用爱去培养：家庭手册"，1985年9月，第32页。
② 《谚语》，第22章，第6节。

第十四章
当你不喜欢你的
顽皮宝贝时

Parenting

the

Ephraim's

Child

顽皮的孩子是天才

　　你可以享受你的孩子。曾经让你头疼的孩子会变成你梦想的孩子，不是因为他改变了，而是因为你改变了对他的看法。

我们都是伴随着预想中事情的样子来开始我们的家长之旅的。有可能你梦幻着：在圣诞节早上，家长在圣诞树旁等着，天使般的孩子们揉着惺忪的睡眼，高兴地看着房间周围。或者你想象着有一次和你的女儿一起，她穿着镶着褶边的裙子，梳着弄好的发型。最有可能的是，你的幻境还包括你和孩子在一起做你喜欢做的事情。

你的幻境不包括顽皮宝贝的样子，调皮的孩子在圣诞节造访，或者特别拒绝穿上裙子的女孩，因为她们不能以她们喜欢的样子站着。当她的每一根神经都在拒绝时，你可能不会想到你自己试图和你的孩子们去讨论一些有意思的事情。在盛典途中，当我们试图让孩子保持安静时，大部分的情形我们做梦都不会想到，孩子会像这样去嘶吼，"不要再让我这么窒息了！"你梦中的孩子是什么样的呢？

当你站在孩子已经关了门的房间外面，听着他怒气冲冲并沮丧地扯掉毯子时，你可能会认为，"我不会为了这个而放弃！"和一个顽皮宝贝的生活有时候就像坐过山车，每天都能带来另外一种跌宕起伏。某些夜晚，当你瘫在床上时，想知道是否睡足够的觉明天就会有需要的精力。有时候你害怕到甚至让其他的人坐在你的房间里，因为他们会自动地变成立体方格铁架。然后当你的孩子在你老板的办公室检查他的午餐时，你就会很窘迫。

他是执拗的，喧闹的，他总是失控暴怒。他不是很容易能够适应。他有很多要求，他很情绪化地管理房间，他甚至一会儿都不让你坐着或休息，他会让你筋疲力尽。你不敢经常让他坐在婴儿椅子上，如果你建议照顾他们，整个大家庭都会遭殃的。人们看着你就像是你很缺乏为人父母的技巧，或者你就像一个暴君，

因为你不得不在公众场合去控制你的孩子。如果你可以选择"物归原主"，你会吗？当你感到你不是那么喜欢你的顽皮宝贝，这些时候会怎么样？

如果你的顽皮宝贝没有你预想中的孩子的特点，你可能会向现实委曲求全。成为你梦想中的孩子应该很难。作为家长，这甚至可能是最困难的一个任务，但不是必须的。你的孩子需要你去做。如果你太忙于后悔你孩子不是的样子，那么你可能不会看到你孩子的独特品质。你可能要花费精力和努力去尝试把你的孩子变成"完美的孩子"。在这些情况下，喜爱你梦想中的孩子可能会干涉你和真实的孩子之间的关系。

你感觉怎么样

顽皮宝贝成功地把强大的感情带给别人，特别是他们的父母。这些感情是很难去处理的，而且可能会让你感觉孤独以及充满愤懑。但你不是一个人，其他的父母有相似的问题和挑战。这里有几个顽皮宝贝父母的感情——摘自威廉姆·希尔斯（William Sears）和玛莎·希尔斯（Martha Sears）《培养易挑剔的孩子和高需求的孩子》（*Parenting the Fussy Baby and High-Need Child*）：[1]

1. 怀疑的——其他人似乎是可以控制他们的孩子的，为什么你不能呢？许多家长怀疑自己的培养能力。

2. 独自的——因为你的孩子有不同的需求而且是这么多的，你的培养方式自然和大部分其他人是不同的。这就使你不得不自己去判断或者有一些不想要的、没有用的建议。

3. 自卫的——当你的孩子就是那个不规矩的孩子，你可能一直都会感到尴尬。当别人谴责你做错了引起你的孩子这样的动作，你也可能会生气。

---

① 《培养易挑剔的孩子和高需求的孩子》（*Parenting the Fussy Baby and High-Need Child*），威廉姆·希尔斯（William Sears）博士，玛莎·希尔斯（Martha Sears），第71—85页。

4. 愤怒的——你怨恨你的困境，然后怨恨你自己有这么严厉的感情。

5. 激动的和害怕的——有一些情况下，你的孩子是高兴的，而且作为父母，你感到幸福，而下一秒当你多动的孩子又一次失控时，你会陷入绝望。

6. 可以控制的或者可以操作的——作为父母，我们中的大多数都希望能够掌控我们的孩子，或者至少对他们负责任。然而，你可能会感到，不仅仅是你不能控制你的孩子，而且可以想象他正在控制着你。

7. 冷静——顽皮宝贝是很多，而且这样的需求远远多于你的时间和精力。

8. 不足的——有些时候，你什么都不做似乎都有好处。

9. 迷失——随着你孩子的需求，你可能在什么时候迷失了自己。

10.担忧——你一直好奇，她是否是正常的，或者在担忧你的孩子会变成那些你知道的烦人的孩子，而且发誓你从来都不想让你的孩子变成那个样子。

11.醒悟——培养孩子不是你所期待的。

12.舒展或者筋疲力尽——培养这些孩子迫使你超越了你自己，这会使你筋疲力尽。

你的孩子不是想要伤害你

你一直提醒自己，你的顽皮宝贝没有试图去伤害你，这是全关重要的。她不会以这种方式去让你抓狂或者有意地让你为难。只要你不再个人地做出决定，你自然而然就不会那么沮丧。麦肯兹博士提醒我们，"这些孩子不是有预谋使生活变得那么难的，他们只是做固执的孩子做的事情。他们越来越努力越来越多次地去检验，越来越抗拒，越来越大声地去抗拒，用更多的戏码，而且把东西运到大部分我们都难以想象的远处。他们是搬运工和振动器，有力量的孩子会给别人带来一些很强烈的反应。"①这就是顽皮宝贝。

———————————

① 《给顽固儿童设定界限：通过建立严格、清晰和有礼貌的边界来消除冲突》，罗伯特·J.麦肯兹，第3页。

慢条斯理地工作

你可以喜欢你的顽皮宝贝，而不是害怕她。我们有理由把这本书的大部分都贡献给性格。只要你理解了你的孩子的性情，可以更好地去预测他的行为。为什么你的孩子这样做，他做了什么这些都不再是谜。我们的顽皮宝贝有许多问题都来自误解，你绝对不知道为什么新的更好的谷物类包装箱引起了爆炸性的反应。如果它尝试起来是一样的，究竟是为什么你的孩子更在意？他的行为很令人费解。

如果你不知道你的孩子很慢才可以适应，而且发现一些可怕的变化，那么你对于这些危机背后的一些原因是找不到线索的。然而，如果你确实知道了没有很好地处理变化，那么你可以和他一起去面对这个问题。你孩子的行为现在就是有意义的。因为理解，你将会更加有耐心。你不再需要把你的经历都花费在好奇为什么你的孩子会这样做。你现在可以把你的注意力集中在，当你的孩子在做事情的时候，你需要做些什么引导他。你可以指引潜在电子触发器的雷区，并帮助你的孩子，使得他的性格更加有力量。你可以更多地去享受你的顽皮宝贝。

使用正确的工具

有时候你会去怀疑你的孩子表现正常吗，也许你会担心你做的一些事情会引起孩子这样去做。如果这样的话，你可以放心地去了解这个问题，在大多数情况下，不是家长。大部分人正在利用他们有的工具尽力去做到最好。这个问题也不在于孩子。大部分顽固的孩子不仅仅是他们本身的问题。实际上，是由于孩子的天性和父母规定的纪律方法不匹配，家长的工具不适合工作。可以预料的结果就是冲突和权力的斗争。①

---

① 《给顽固儿童设定界限：通过建立严格、清晰和有礼貌的边界来消除冲突》，罗伯特·J.麦肯兹，第3页。

找到对你孩子起作用的手段，然后使用这些方法。通过我们阅读和研究的书籍，我们已经分享了许多工具。这将可能会要求你走出你的舒适区。你自然地去处理这些情况的方法，可能不是在那些情况下对付顽皮宝贝们最好的方法。如果没有别的事情，顽皮宝贝会迫使他们的父母去成长以及像其他家长一样去发展。

我们的孩子也帮助我们提高

我们繁殖并且充满这个世界。但是这不仅仅使我们能够掌控进入这个世界的新精神。有了孩子也要求我们能够学到重要的教训，而这些在其他方法中是学习不到的。因此，要记住一件重要的事情就是，我们的孩子也会帮助我们去提高。我们从他们身上学会了很多重要的事情，为了达到我们的潜力，那是必须的。通常孩子们会考验耐心以及信念。真理就是，我们需要他们，就像是他们需要我们一样多。

不要变得很忙

一件会影响你感知孩子需求的事情就是你有多么忙。对于一些干涉你真正想要的事情，你会变得生气，这一点都不困难。"不应该把孩子看成是打扰生活主要事情的东西。他们才是主要的事情。"①如果你发现自己感到顽皮宝贝正在变成你生活的一部分，那有可能该是你重新审视你自己生活的时候了。

老理查德·G.斯科特（Richard G. Scott）给了我们这个忠告：

---

① 《作为精神指导者的父母和祖父母》（*Parents & Grandparents as Spiritual Guides*），贝蒂·莎伦·克罗伊德（Betty Shannon Cloyd），第91页。

作为一位父亲或者母亲，由于外界的压力导致你不能有效地完成你神圣的角色，你会处于麻烦中吗？你的生活是没有意识地充满了需要更多东西的愿望吗？这些可以让步于一个正在发展个性的孩子永恒的关系和磨具吗？你必须要以家庭为中心进行活动，愿意去忘记个人的欢乐和自我利益，而且不要转向教堂、学校或者社会的主要角色去培养孩子良好的发展环境。"训练一个孩子他应该走的路"需要时间、很大的努力以及巨大的个人牺牲。但是，你到哪里可以找到一个比之更好、报酬更多的工作呢？[①]

尽量做到你可以做得最好

当你足够幸运到有那一天的时候，你可能不得不尽可能做到最好，就那样成为最好的家长。然后，你可以很高兴再开始第二天。有时候，我们只是必须要坚持去做我们必须做的事情。尼尔写道，"有时候我们做的事情是足够正确的，但是坚持一些简单的需求，有耐心的，不仅仅一分钟或者一会儿，而是很多年。保罗提到了生活马拉松以及我们怎样才能耐心地去跑那个比赛。"[②]总有一天你可能就必须要承受最后一天的到来。

但是，对于家长而言，忍耐力需要承受的不仅仅是周围的环境。既不是一个长久的情况，也不是通过什么去承受，或者去忍耐什么东西。顺从地忍受不是你和你的顽皮宝贝所需要的。你不能去引导他们到达他们的极限。如果你仅仅是忍耐他们或者长期地忍受他们直到他们离开去上大学。尼尔说过："耐心地忍耐与仅仅'按照什么来做'有区别。忍耐不只是在你的空间走来走去；它也不仅仅是去接受分配给我们的一些事情，而是一些'为我们自己去做'的决定，这个是通

---

① 《少尉》，理查德·G.斯科特（Richard G. Scott），"原则适当的力量"（"The Power of Correct Principles"），1993年5月，第32页。

② 《少尉》，尼尔·A.麦克斯韦编，"耐心"（"Patience"），1980年10月，第28页。

过夸大分配给我们的东西来完成的。"①

夸大分配给我们的东西是很好的一种承受方式。尼尔也说，"伴随着忍受也有一种'奋力向前'的意愿，甚至当我们很疲惫时，更愿意停到马路边上。"②承受一个顽皮宝贝就是事业。他通常是高承受力的；在情绪上和身体上是劳动密集的。然而，《圣经》上写满了对这些耐受力好的人的一些承诺。"那么，如果你承受力好，上帝会褒奖你；你会比所有的敌人都有胜利的权利。"③但是那个需要承受到终点的人，"一样需要被拯救"④。很好地承受那段艰苦的时光，你可以收获和一个正在成长的孩子的良好关系，作为奖赏。

其他人认为你有一个小孩

周日，一位小学老师正在管理班级关于共享时光的汇报。她勇敢地尝试去和她黏到一起的一位顽皮宝贝一起工作，另一个正爬到她裙子的前面。通常她的两个孩子不会打扰到这位母亲，但是在这种情况下，她变得很尴尬。她试图把孩子推开，但是她试图抽离自己只是加速了这个问题。另外一些成年人看到她有些失控，一些人会带着同情，其他人则反对。

有时候，你可能碰到别人为你担心的目光。别人会认为你有一个闹腾的小孩吗？当你看到人们正满是责备看着你的孩子时，你可以开始怀疑自己。他们不赞成你家小孩的行为，总是在公共大厅发出尖叫声，或者当你的孩子跑去麦克风前参与主要程序，他会失控地摇着脑袋。无论这是真是假，你都会感到其他人会让孩子很好地表现，而且你不能，这是因为一些致命的培养缺点，他们可以看到，

---

① 《基督男女》（*Men and Women of Christ*），尼尔·A.麦克斯韦编，第69页。

② 《少尉》，尼尔·A.麦克斯韦，"好好忍耐"（"Endure It Well"），1990年5月，第34页。

③ 《教义与圣约》，第121章，第8节。

④ 《马太福音》，第24章，第13节。

但是你看不到。没有什么事情可以破坏你在培养孩子时的信心。

意识到的第一件事情是，正极力反对的成年人可能没有经历过拥有一个顽皮宝贝。或者他们没有孩子（没有什么事情可以改变你比想象中更快地培养孩子的想法），他们的孩子已经长大，或者他们的孩子没有顽皮宝贝有个性。他们可能没有一种与其他特殊精神的亲密的关系，也没有别的方式！当和别人讨论时，用你积极的日常的名字，也许他们会以全新的视角去看待你的孩子。

一位妇女表达她对小孩的崩溃，用她的话就是很粗鲁！她认为这些小孩子的母亲没有正确地教育孩子，因为他们四处跑而且一直都很吵。这种信念是建立在所有的孩子可以很容易地被约束和顺从的基础上。也有可能是那些把你的孩子不规矩的行为看作是你培养的缺陷的人们。你去做你感受到的事情对你的孩子是最好的，而且不要让这些想法烦到你，这点很重要。毕竟，你了解你的孩子，他们不了解。你不必仅仅因为你害怕其他人不同意你孩子的行为而避开公众场合。最后，你的孩子会学到在不同的场合下恰当的行为。最后，他能够在排队中一直安静地坐着，但可能不是现在。

可能最有压力的反对是来自你自己的家庭。这本书很有希望可以帮助你培养一个和其他家庭成员以及孩子更能让人理解的关系。无论什么时候，你和一家人在一起，如果你的孩子不会感到责备，那对你的孩子会是很好的事情，因此试着去教育他们。如果成长很慢，就一直去尝试。尽管你很努力，贝莎可能一直在喋喋不休地说那些"失控的麻烦制造者"，不管什么时候你的孩子在她的面前。如果这种情况发生了，最好少和那个人接触，你仍然可以造访，但只是少一些。

很多次，你认为别人正在认同你的方式，可能也仅仅是表面的理解或者同情。当你看到一个妇女在笑，你的孩子扔掉了一件他最壮观的、刺激的、合身衣服，这不意味着她认为你是最差的家长。这可能仅仅因为对于她来讲这是多么的熟悉，她很高兴这不是她的孩子。你可能有点太敏感了。当你发现你同情地一瞥其他家长，他们正在和他们的孩子斗争，他们可能很放心地从你那里听到，"看到别的孩子像我的孩子一样，对于我来说是一种安慰。明天会更好。"

教堂

不幸的是，顽皮宝贝确实有一种惊人的破坏能力。她仅仅是比别人更加热情，这就使得她更加引人注意。理解她不是在破坏，而仅仅是有破坏力，但是通常在她行为的背后也有一种性格和情绪的原因。你不可避免地去那些你的孩子有机会去破坏的地方，但是当你的孩子学会怎么去举止得体，还是有一些事情你可以去做，最小化这种机会。

教堂通常是顽皮宝贝的一种挑战。70分钟要让一个孩子保持安静，会让这个神圣的会议像一种折磨的会议室。好运会试图在身体上使得一个顽皮宝贝保持活泼，以至于她一直都很安静。通常，随着时间指数增长，她挣扎着要解放自己。如果你的小孩因为一些原因变得抓狂，你几乎就可以放弃让她保持安静。

在盛典礼仪上，通常要求家长额外的努力和创新。一些家长求助于糖果。只要意识到潜在的包装纸的混乱，巧克力，或者有黏性的残留物。你必须要确定这些混乱对于我们上帝的房间是否是敬畏的以及尊敬的。在教堂利用糖果去奖励良好行为的另外一些缺点就是，糖果可以使得孩子们更加活跃。那不是和你试图要做的正好相反吗？你也许正在使教堂的其余部分更加具有挑战性，而且让你孩子的小学老师变得更加疏远。

你可以给你的孩子提供其他的活动，例如，你可以制作或者买一些安静的书本。如果你的顽皮宝贝一旦精通了一项活动，就会变得烦躁，那么即使是一本安静的书也可能只能让他安静一小段时间。我们有一个在教堂用的包，里面有很多书、活动、彩色书以及难题。这些可以让我们的孩子在圣典的时候去使用。每几个月我们会变化内容，而且总是在寻找新的教堂活动。从我们自身经验来讲，对于像一些活动的图片或者汽车等需要很好的效果的活动，我们一直都很谨慎。在一次长椅比赛中，期间一直有尖叫声、碰撞以及发动机的声音后，这些小车就被我们从教堂的包包中拿走了。

接下来，教堂中潜在的热点就是初级阶段。你的孩子可能刚刚有一个小时一

直保持安静。在圣典后，他有可能会想要动一动以及大声说话，如果告诉他安静地坐两个多小时，你可能会遭到抗议。主管的成年人也可以正在做一些你刚刚知道的事情，这些事情对你的小孩是不起作用的。你该做什么呢？

第一步是在家里和你的孩子关于可以接受的行为进行讨论。以一种你孩子可以理解你所期望的行为的交流方法去交流。下一步就是在圣典中奠定基调。让你的孩子带着满满的糖果去上学，可能不是让他成功的方法。如果你已经让你的孩子一直保持安静，那么他不会接受上学的压力。

最后，包括一些基层的工人。告诉他们你孩子的一些信息以及比较起作用的一些主意。例如，你可以这样说，"我知道蒂米是一个非常活泼的孩子，总是需要动一动他的身体。我们发现，如果你让他去表演一个《圣经》的故事，会比要求他坐在椅子上更有效果。当故事结束后，因为他消耗了一些精力，就更愿意去坐着。"委婉地处理这些情况以及提供一些建议通常比告诉老师她一直做的都是错的更加有效。她只要是对于任何帮助类的主意都很高兴就好，用积极的语言去给你的孩子描绘一张高兴的蓝图。

另外一个情况可能是你在初始阶段花费了很多时间，你能够认出别的顽皮宝贝。给主管的成年人一些委婉的建议、解决方法或者可选择方法，可能会给你一个帮助的机会。你可能一开始把小学校长拉到一边说，"正如我在这里和詹尼相处的时间，我已经注意到其他几个孩子。通过我们自己反复试验，我们已经发现，这个对詹尼的个性起到很好的作用。你可以在小学中尝试一下，去看看这种方法对于其他孩子是否有作用。"

药物问题

由于顽皮宝贝的强度问题，有人建议你用药物帮助你的孩子冷静下来是不可能的。用药物来治疗孩子的行为问题的数量正在上升，最著名的例子是处方用药利他林去治疗ADHD。在一篇网上杂志的文章"教育世界"中，作者戴安·韦佛·邓恩（Diane Weaver Dunne）说，"越来越多的处方医生认为，治疗ADHD是令人惊愕的。根据国会证言，自从1991年用药，药品执法局副局长为利他林的处方数量增加了五倍。"①

然而，给还在上学的孩子们使用刺激性药品是不常见的。使用刺激性药品治疗ADHD的学前孩子的数量也已经显著增长了。"一项研究，'给学前孩子用利他林处方药的趋势'刊登在《美国医学协会会刊》（*Journal of the American Medical Association*）上，发现给2—4岁的学前孩子的精神治疗用药是5岁孩子的三倍。"②

我们的社会应该更轻易以及更顺应地适当关心给孩子过度地开一些处方用药。对于你来说，给顽皮宝贝用过药治疗可能来自别人的压力。这个压力可能来自任何别的地方——邻居、朋友、陌生人或者学校老师。沃尔纳特·克里克（Walnut Creek），《利他林运行：一个内科医生对孩子、社会用药以及药物效果的反思》（*Running on Ritalin: A Physician Reflects on Children, Society and Performance in a Pill*）的作者，正在加利福尼亚的核桃溪市接受儿科行为实习。对于那群教育父母用药治疗他们孩子的人，克里克表达了要警惕那些广泛依赖于药品的教师。他害怕他们没有经常充分寻求处理班级情况日常行为问题的其他选项。在他的文章"对利他林说是"中，迪勒博士说：

公立学校的管理者，长期热情的追随者只会说"不"！用药证词似乎对反对用药的家长有一个新的格言：治疗与否！在新的用药史中，这是一个新的烦人的扭曲事实。在这种情况下，公立学校开始给有难以驾驭孩子的家长下最后通牒，说他们不允许学生去上常规的课程，除非他们用药了。在大部分极端情况下，不愿意给孩子吃药的家长们正在被他们学校的儿童保护协会的当地办公室通报，拒绝用药的后果就是，家长忽视这种问题是有罪的。③

①戴安·韦佛·邓恩（Diane Weaver Dunne），http://www.educationworld.com/a_issues/issues148a.shtml。
②同上。
③劳伦斯·迪勒（Lawrence Diller）博士，http://dir.salon.com/mwt/feature/2000/09/25/medicate/index.html.。

有些地区的学校对家长的压力已经很强烈，以至于仅有几个州正在考虑限制老师们推荐药物评价和利他林给学生的决议。同时，随着某些地区正在考虑家长权利的问题，其他人的赌注正在戏剧性地增加。一些学校正在寻求介入儿童保护协会去让父母治疗他们的孩子，"一个孩子去哪个学校或者去哪个班级上课，不再是一个简单的问题"，迪勒说。"然而，如果家长拒绝接受要求的邀约治疗，他们正面临着失去监管自己孩子的可能性……这些政策……描述了一个不安分的理念，是关于部分受教育的成年人，他们不好的行为和在学校的长期弱势，被认为是有疾病，必须要进行药物治疗。"[①]迪勒博士和其他人都对那些被迫让他们的孩子接受药物治疗的家长很关心。

辛西亚·托拜厄斯在她的《你无权管我》中对用药的一些成熟行为表示保留意见。她提出这个观点："假使你的孩子正好陷入处境的性格特点正好是潜在可以改变世界的性格，将会怎么办？不久前，彼得·布利金博士在他的《与孩子之间的战争》（*The War Against Children*）一书中评论了新闻周刊，他说新闻周刊问了一个问题：'90后伟大的思考者在哪里？哪里有弗洛伊德、爱因斯坦、毕加索？'布利金博士然后就用一个冷静的观点回答了，'假使我们治疗了他们，那又怎么样？'"[②]

在同意治疗你的孩子之前，确保的确有个正当的健康问题。在儿科医师办公室，药物问题不能通过简短的交谈就确证。一个完整的评估需要你、你孩子的老师、孩子看护人以及儿科医生的报告。得到多种选择。毕竟，上天保佑，药物治疗是最后的手段，而不是第一选择。药物治疗可以帮助真正有问题的孩子，但是要注意缓和孩子脾气的诱惑，尝试着先解决他的性格。一些非正式的教导要比药片更有效。

---

① 劳伦斯·迪勒博士，http://dir.salon.com/mwt/feature/2000/09/25/medicate/index.html.。
② 《你无权管我》，辛西亚·托拜厄斯编，第81页。

保持乐观

　　教导顽皮宝贝不全是消极的经验。那些你感觉到的乐观的、快乐的时光是那么与众不同。意识到孩子的性格表现出挑战性，当这些性格变成令人激动的个性时，你会感到非常自豪。如果你掌握了孩子的性格，你不会感到那么无助。如果你提升了你和顽皮宝贝之间的关系，你就会感到非常的自信和舒适。你会有和孩子们紧密联系的感觉。继续用你全新的和提升的每一天的名字。很快，你就会见到一个明亮的、热情的、顽强的、照顾人的、懂事的孩子。你可以享受你的孩子，曾经让你头疼的孩子会变成你梦想的孩子，不是因为他改变了，而是你改变了对他的看法。

第十五章
特殊场合的噩梦

顽皮的孩子是天才

　　大事件后，孩子生活并不会立即恢复正常。作为一个成年人，你可以回到正常的假期之后，但是你的孩子仍然处在一波又一波剩余的情绪和兴奋中。

噢……假期，从工作和学校中抽离，充满难忘记忆的家庭传统活动以及与朋友和家人聚会的时间。这听起来很祥和，不是吗？但是如果你有一个孩子，将是一个绝不祥和的特殊场合。一个更合适的描述可能是：你的孩子像被野蛮的外星人控制一样，使得可怕的两岁如一阵微风。

许多特殊场合似乎把外星人带出。假期、同学聚会、生日聚会都是罪魁祸首。父母很难理解为什么这些时间不是他们所希望的温柔记忆，而是预示着一场希望能够避免的噩梦。为什么你孩子的行为因每一个未拆开的圣诞礼物而变糟糕？你为什么必须在家庭团聚时紧盯你的孩子，因为她突然疯狂？为什么为孩子精心安排的生日聚会以争吵和眼泪结束？

当你了解了孩子的性格，你就会开始明白，为什么特殊场合经常成为噩梦。很多时候它们的情况和环境，可能会使得一个慢热和敏感的孩子变得不知所措。父母常常紧张或心烦意乱，而无法给有需求的孩子尽可能多的关注，以缓解孩子的压力。时间表和计划通常被抛到九霄云外，孩子会失去一些预测和控制。首先，孩子经常在这些时间少吃和少睡，让他们的能量水平降低。但在特殊时期并不一定都是噩梦。一些理解和规划会对那些愉快的记忆成为现实有很大帮助。关于育儿的方方面面，征服在特殊场合固有的地雷可能具有挑战，但并非不可能。准备和深谋远虑可以使特殊场合只是……如此特别而已。

现实点

我们对特殊的场合都有一定的期望。也许你想象圣诞节是从祖父母到下一代的传承，享受你和配偶的童年中所有的传统和食物。也许当你为你的孩子准备一个盛大的、精心制作的、完美装饰的生日派对时，才能使得生日聚会是特别的。关键是，我们都想要特别的场合，给我们和我们的孩子留下记忆。经常涉及超出你预期的努力，以产生特别的记忆。有多少次，我们感觉到越接近圣诞节，待办事项列表越来越长，在圣诞前夕累积，包装礼物、组装玩具或完成为你的爱人特殊的手工制作的东西，但你仍然无法办到。

减少特殊场合噩梦的第一步是现实。你有一个孩子足矣。那通常意味着你有一个孩子需要你更多的能量。养育孩子是耗费精力的。特殊的场合照顾孩子需要翻倍的精力。你已经努力工作。在这些时间你的孩子需要更多的关注、能量和帮助。盘算它，计划它。

理解这一点，看看你所有的计划并缩小这些计划。尝试过一个玛莎·斯图尔特（Martha Stewart）的假期，通常会在圣诞夜噩梦中结束。你已经疲倦，如果你过分扩展自己和向一个具有挑战性的孩子要求更多的能量，会让你们两个都痛苦。相信我们，现实地精简你的期望，将是一个巨大的帮助。

回顾自己的期望是很重要的，但检查你孩子的期望也是一个好主意。你认为最有意义的传统，而你的孩子并不这样认为。热情的顽皮宝贝会对即将到来的事件和节日感到很兴奋。如果他们未能达到预期，他们会勃然大怒。即使你不能满足孩子的期望，你也可以尽量避免意外崩溃。在感恩节晚餐中发现孩子最爱自制派，而今年准备放弃，这不是一个成功的秘诀。当你提前解决在特殊场合孩子的预期后，会增加成功的机会。

与他人合作

涉及家人和朋友的特殊场合可能需要很快的语速。为了更愉快，别人需要你的帮助来理解和处理你的顽皮宝贝。你想避免去年类似的场景，当孩子走进大门，所有的表兄弟围着他，而他像被狮子追赶一样大叫着跑出了房间。向他们解释，你的孩子需要一些时间去适应。你孩子憎恶亲戚的亲吻，并不是他不喜欢爷爷奶奶，而是因为他很敏感。别人要知道你的孩子需要回到一个安静的房间休息一下，而不是不喜欢他们。

对一个大家庭，需要建立一个与顽皮宝贝成功的关系，他们需要更好地理解他。这将需要解释。告诉他们你已经发现的关于你的孩子的事情和相处技巧。在某些方面的挑战，可说服他们你的孩子是不同的。除非你有同顽皮宝贝相处的经验，一个孩子的想法可以如此之多，这一切可能并非易事。继续努力，继续解释，并保持调解，直到大家庭能更深地体验与顽皮宝贝相处。

特殊场合需要人们适应新的情况。顽皮宝贝需要学习如何做到这一点，其他人需要学习如何尊重你的孩子，并让他学习。作为父母你可能不得不介入，帮助你的孩子，如果别人不听或正试图强迫孩子迅速过渡，或停止如此强烈，或强迫他吃新的食品等。利用时机让他们了解你的孩子。当每个人都在看电影时，对孩子来说太沮丧了，解释你的儿子不是一个婴儿，而是他觉得深受事情影响，为电影情节而痛苦。然后建议孩子做其他活动，其他人愿意的话也可以加入。

如果别人不听你的建议，而你的孩子太难受，你可能需要改变这种情况。也许将来你可以选择缩短拜访时间。也许你可以建议另一个地点，如公园或你的房子，你有更多的控制力。你甚至可以决定访问的频率更低。记住，当你的孩子成熟并学习如何管理他的脾气之后，他将能更好地处理特殊场合。

让你的孩子做好准备

正如提醒你的孩子即将到来的转换，将帮助她适应一样，在特殊的场合为你的孩子准备好，将帮助她更成功。给孩子展示那些不经常见过的亲戚的照片。一幅画是一种警告，她不会觉得她是完全陌生的。早到是一个好主意。在处理的社会关系压力太大前，你的孩子可处理周围的新奇环境。你的孩子一次可以适应一

件事，而不是一切。

让你的孩子提前知道你的预期以及什么是可以接受的行为。如果有她不喜欢的某些食物在她的盘子里，尖叫或冒犯地把绿豆丢在地板上是不合时宜的。而是说"不，谢谢"或仅仅是把它放在她的盘子边上。而不需处理你朋友的孩子——当他沉浸在孩子的精心制作的游戏中时，帮助她理解不能很好地控制他们的身体。让你的孩子知道，她不允许吹灭她朋友生日蛋糕的蜡烛，但她可以吃。

让你的孩子了解事情的模式或程序。向他解释，生日礼物后将有蛋糕和冰激凌。如果晚餐晚于他通常的时间，带零食或事先喂他。如果是一个特殊的成人时刻，让你的孩子知道，大人们不会给他平时习惯了的那般多的关注。

你还可以帮助孩子学习如何处理热情的问候。当问候的人第一次招呼你的孩子，让她知道她有你的支持。如果她隐藏在你背后，向姑姥姥或叔叔解释说，她5分钟后将给他们拥抱，但不要强迫她。有人坐在地板上靠近她，如果她需要，她可以去找你。年长的孩子可以学会亲切，你可以让她练习说你好、握手，然后找个地方退后，直到她舒适地加入。教她如何告诉别人，她会在几分钟后加入他们，或她需要安静一段时间，但会回来。

当你的孩子表现得体时，赞扬她、奖励她，让她知道你注意到她的行为。给她积极的反馈。这将帮助你的孩子理解，她可以处理这种情况。用过去的成功来提醒她，她可以做到这一点。这也将帮助你记住，你的孩子表现得像一个天使的时刻，而不是在房间里像野生动物一样呼啸着从身边走过。当你在别人面前赞美你的孩子时，你会吸引他们注意你孩子的可接受的行为，而不是当她把杯子扔出房间时——因为别人给了她橙汁，而不是苹果汁。

谨防人群

假期经常等同于人群，人群对敏感的顽皮宝贝可能是灾难性的。在人群到来之前，购物总是一个好主意，但如果你不能得到你所有的圣诞购物，次日清晨再去。你不必在黎明前，但人群在上午九点钟会比晚上七点钟更少。如果你一定在人群行动，缩短购物时间。如果你的孩子只能处理一个小时被轰炸的感觉，之后堆在你的脚边呜咽，那在那段时间内购物。人群不仅发生在商店，还有聚会。为你的孩子找个地方撤退，或能有一些平静的活动。为人群做准备可以帮助减少特殊场合的噩梦。无论你选择何种方法，事先决定、帮助孩子应付固有的特殊场合的人群。

旅行计划

当特殊场合涉及旅行时，如果你花些时间计划，事情会更加顺利。当计划一个家庭假期，例如，考虑到你孩子的脾气。这并不意味着你完全满足你所有孩子的计划，但有某些方法去旅行，将会比其他人更成功。我们已经讨论了提前到达家庭聚会给孩子时间进行调整。如果旅行时你给孩子时间，也将帮助你。不要只是把行李放在酒店房间，立即跑出门，半天在迪斯尼乐园。给你的孩子一些时间适应酒店，先去游泳，看一些电视节目，或只是闲逛。这将减缓转换和新的感觉轰击你的孩子。然后你就可以和一个冷静认真的孩子开始假期了。另外，下午时宁愿让孩子适应酒店，而不是晚上时被拖住，让他在床上。

另一个有效的策略是避免旅行中每天晚上睡在不同的地方。选择一个集中的位置，开始你几天的活动。看景色或做事情后，你可以回到同一位置，然后你可以在接下来几天移到一个新的位置。孩子会有更多的时间来适应新的地方和感觉，会更成功。

一切都很好，准备好一旦你到达你的目的地，但并未认为你可能有一个噩梦之旅。花费很长时间把孩子绑在汽车座位上是困难的，对一个活跃的孩子几乎不可能。计划额外的时间停下来伸展腿，像在公园里野餐午餐，有点时间玩。你可以帮助你的孩子享受最喜欢的音乐。带来玩具和活动，比如纸、蜡笔、彩色书等等，期待与你的孩子交流。谈谈你期望的旅行的事，玩纸牌游戏，唱歌。正确的

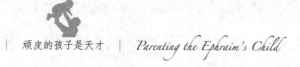

准备可使得旅行变得很享受。

必要的睡眠

当孩子累了，她将不能够处理与一个特殊的场合有关的一切。因此当务之急是你尽你的力量让孩子休息好，这样她有精力去应付。然而，让一个孩子睡在一个陌生的地方或在所有的节日或假期兴奋中，这本身可能是一个挑战。

孩子已经很难在新的或不同的情况下睡着，他们通常需要额外的时间来放松。你的孩子可能需要阅读或悄悄地从兴奋中冷静下来。即使你想要让她去睡觉，这样你就可能崩溃，你也必须利用额外的耐心。如果你生气和难过，你只是添加额外的刺激和情感给孩子，让她可能会不知所措。你需要陪你的孩子，直到她睡着了，这很可能比正常时需要更长的时间，无论她有多累或多晚。按预期睡觉可能花费更多的时间和精力。

尽可能试着坚持你规律的就寝时间和进度。带上熟悉的东西，像枕头、毯子或书籍，将帮助你的孩子感到更舒适。避免不规律的就寝时间，尽量不要跳过小睡。你的孩子比平常需要更多的睡眠，因为需要更多的能量应对新环境。对孩子来说，让他用更少的能量表现正常是不公平的，所以尽量在常规时间小睡。

礼物陷阱

曾有涉及礼物的想法让你想爬到床上，把被子盖在你的头上吗？你认真考虑过圣诞节或生日礼物以避免像去年的场景吗？你的孩子是一个忘恩负义、乳臭未干的小孩，因为她是如此不擅长处理礼物吗？其他人可能认为是这样，但是答案是否定的！然而，你的孩子也需要学习如何优雅地处理礼物。

记住，孩子是强烈和敏感的。每一个情感都非常强烈、非常深刻。礼物可能令人兴奋或失望，你孩子的礼物可能会使他的生活崩溃成废墟。这些孩子可能陷入困境，因为他们迫不及待打开礼物，现在他们想要他们的礼物！他们如此激动，很难控制自己。有了这些认识，你想知道为什么一棵圣诞树被一堆明亮的礼物包围，接下来只是灾难吗？直到圣诞节的早晨，我们的树看起来很荒凉，但我们不再争吵礼物，我们的孩子忍住不打开。帮助你的孩子了解期待和寻找方法来帮助扩散兴奋。也许提早打开一份或两份礼物将帮助你的孩子平静下来一点。在你的生日聚会上可能孩子想要打开礼物，然后享用游戏和蛋糕。

慢热的孩子还必须处理给予礼物的内在惊喜。然而，你可以帮助他做好准备，给他一点暗示或让他看到即将来临的事情。如果你不给他心仪的视频游戏，让他知道，当他有时间预先处理失望后，你会减少礼物打开时的危机，梦寐以求的视频游戏是不存在的。如果你给他的礼物是他的梦想，不要告诉他，因此它将是一个惊喜——慢热的孩子讨厌的惊喜。这可能会适得其反。

当你不知道礼物是什么，比如在一个生日聚会上，你仍然可以帮助你的孩子做好准备。对可能的情况做好准备，了解什么样的行为是可以接受的。如果你不喜欢这个礼物怎么办？倘若你已经有一个了？如果你妹妹的礼物你想要怎么办？你会是什么感觉呢？你能做什么？这样你的孩子能为失望做好准备。

另一种为大孩子准备礼物的方法是问他他想要得到的东西清单。准备好清单，然后标记他最希望的。你可以使用此清单为自己购物以及准备给他人的礼物。这样你的孩子对他所接受的礼物有一些控制，在接受他不喜欢的东西时失望将会减少。

明智地赠送礼物，选择你想要促进行为的礼物。如果你不希望你的孩子用一个足球破坏你的房子，在12月圣诞节时就不要给他一个。在寒冷的天气，喷射枪是一场战斗。确保你送的书籍或音乐是你自己喜欢的，因为你可能会听到他们一遍又一遍地听。还有想象力玩具，都是不错的礼物，尤其是那些可以有许多不同使用方式的礼物。一个孩子用纸牌游戏不去玩钓鱼，而是把牌摊开在地上像道路一样，在战场上的士兵使用它们，或者假装它们是钱或电影票。如果这被归类到正确使用玩具，其他思想家会沮丧。积木、玩具人、装扮物品、玩房屋或建筑

物，允许孩子自由发挥自己的方式。

活跃的孩子喜欢活跃的玩具，但是他们迫不及待使用它们。你需要有一个适合你孩子的地方，使用滑梯、蹦床或者自行车，这些玩具在使用时需要监视。当你的孩子开始疯狂时，你有时会需要介入，让他们转移到一个平静的活动。

指导孩子关于礼物的礼仪。更严重的孩子最有可能不会打开礼物后高兴跳舞。她可能不会说谢谢，甚至表达兴趣，这可能使得送礼人失望。教你孩子，不要大喊大叫她想要粉红色而不是黄色，她仍然需要谢谢姑姑的礼物，也许以后你可以交换粉红色的。让她知道她需要表达谢意，不管她对礼物的感情。你可以找到合适的时机事先说。这需要在大日子前夕同孩子坐在一起讨论你的计划，但可以避免很多尴尬。

你可能还需要准备将送出的礼物给你的孩子，让你的孩子选择一个礼物送给别人，他会陷入选择一些很酷的礼物中的激动和兴奋。炫酷的礼物进入另一个孩子的手中可能是非常困难的。对于感情强烈的孩子而言，为别人买礼物，而自己没有得到任何礼物可能是一个情感触发。预期你的孩子可能经历的情况，礼物接受者可能并不亲切。当你的孩子最好的朋友惊呼道，"讨厌！"对着收到的礼物，它可以摧毁你的孩子。帮助他找到方法来处理在这些情况下的情感，你的孩子需要学习如何处理送礼以及接受它们。每个人都喜欢收到礼物。给予和接受礼物应该是一件快乐的事情。送礼给他人可以帮助你的孩子学习给予他人的喜悦，以及给他更多关于那些已经努力给他礼物的人的了解。你不需要完全放弃送礼。一些准备可以帮助你避免陷阱。

事后

大事件后，孩子生活并不会立即恢复正常。作为一个成年人，你可以回到正常的假期之后，但是你的孩子仍然处在一波又一波剩余的情绪和兴奋中。她需要时间调整到正常的生活，来适应更少的关注、更少的玩伴或者更少激动人心的活动。迪斯尼乐园度假后，在后院玩看起来无聊。让自己储备足够的能量来帮助你的孩子回到正常的生活。顽皮宝贝经常走极端，处于高位后可能会崩溃。在特别的场合后你的孩子需要时间，她可能会比平常有更多的要求。特殊场合时，即将结束的一点前兆将帮助你的孩子开始转型。帮助她理解，特殊的场合之所以特殊，是因为它们只发生一次。和她在一起，帮助她处理失望。

别忘了允许自己有处理情绪的时间。这些特殊的时期需要更多的规划和能源，才能让你成功地管理你的孩子。奖励自己和畅饮成功结束，提醒你自己和你的孩子，你能做到。当你明白计划、准备好，这些特殊时期便可以充满快乐和特别的回忆。

第十六章
隔代管教顽皮宝贝

Parenting

the

Ephraim's

Child

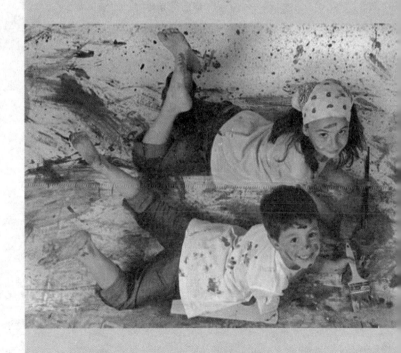

顽皮的孩子是天才

祖父母能为孙辈做的一个重要的事情是，与他们分享家庭的故事。这是一个很好的可以保持的做法，并使得儿童以及成年人都觉得有趣。

完美的爱有时不来，直到孙子出生。①

——威尔士谚语

　　祖父母总是快乐，但作为顽皮宝贝的祖父母也会面临一些棘手的时刻。很难看到你的孩子与他们自己的小孩斗争。养育这些孩子需要整个大家庭的努力，爷爷奶奶需要理解孩子。

　　然而，有时你的祖父母可能会感觉被冷落，在那些只有父母可以处理的情况中，或者当你面对一个过激的顽皮宝贝时。当你试图帮助导致拒绝或恶化的情况下，这会令人沮丧，但不要绝望。祖父母是一个孩子的生命中重要的人。艾兹拉·塔夫特·本森总统说："祖父母会对孙子产生深远的影响。"②

　　祖父母在一个孩子的生命中填充了一个特殊的地位。在《作为精神指导者的父母和祖父母》这本书中，作者贝蒂·莎伦·克罗伊德选择了祖父母法人五个主要角色：在孙子的生活中无条件地去爱他们，连接代际关系，向他们孙子的父母（他们自己的孩子）提供情感、身体和精神支持和强大的精神指导。③

---

　　① http://grammahugs.com/gp/poems/poems.html。
　　②《少尉》，艾兹拉·塔夫特·本森，"致教会的年长者们"（"To the Elderly in the Church"），1989年11月，第7页。
　　③《作为精神指导者的父母和祖父母》，贝蒂·莎伦·克罗伊德，第86页。

在场

为了影响你孙子的生活，首先你必须参与他的生活。这需要你的存在、你的兴趣和你的时间。如果你住很近更容易实现，只要你不总把拜访推迟到明天。有时老年人认为，一旦自己的孩子离开家，是时候补上早些年错过的在他们为父母时的所有乐趣。虽然在某种程度上，仍意识到你对你的孙子有责任。如果你忙于追赶你抚养自己的孩子时的"错过"，你就很难出现在孙子的生活中。

许多祖父母住得离孙辈很远。然而，他们仍然可以在他们孙子的生活中出现。通过信件、电话和电子邮件，你可以了解你的孙子。孩子们对收到信件或电子邮件不太兴奋。你仍然可以有一个强大的关系，即使你没有每天或每星期看到对方。访问依然很重要，并且应该尽可能经常。有孩子的祖父母和家庭需要愿意为了定期见面做出一些牺牲。

在孙子的生活中出现，需要你的兴趣。找出他们在做什么，他们的朋友是谁，他们在挣扎什么。展示你的孙子，你知道在他们的生活中发生了什么，问一些具体的问题，让他们知道你的关心。如果你一直对他们的生活很感兴趣，那么你的孙子会感到和你分享他们的快乐和烦恼更舒适。祖父母需要努力成为他们孙子生活中的一部分。

无条件地爱他们

阿兰·弗罗姆（Allan Frome）曾经说过，"作为祖父母，充分地担任我们的责任，这样我们才能成为朋友。"[1]作为祖父母，就好像你是给予无条件的爱第二次机会。不是说你有第二次作为父母的机会，这是你孩子的工作，你可以有机会爱你的孙子和无条件地爱他们。通常父母卷入固有的责任和维护照顾年幼的孩

①http://www.quotegarden.com/grandparents.html。

子，他们可能忘记充分表达他们的爱。没有清洁、烹饪和每日麻烦，祖父母有独特的机会来实现无条件地爱他们的孙辈。贝蒂建议展示无条件的爱时不要胆小。"因为这种爱甚至将继续与他们同在，即使在我们去世时。"[1]

有时去爱孩子可能是一个挑战。一分钟前，他们似乎是宝贝儿童，具有比他们年纪更强的智力和理解，下一分钟他们会是粗鲁和叛逆的。如果你理解她的脾气，这将使你更容易去爱孩子。然后你可能意识到，你的孙女告诉你让你回家，因为你的拜访是一个转换，不是因为她不爱你。当你明白为什么这个孩子会有如此的行为方式，你不再需要感情用事，可以释放你的情绪与一切去爱她，即使是困难的。显示你的爱，特别是当她处于困难境地时。

关联代际关系

贝蒂说，爷爷奶奶处在一个不同寻常的境地，因为他们有至少五代的信息。他们有自己的祖父母和父母的信息，了解他们的孩子和自己的安全，现在孙辈的信息。[2]他们生活在跨代之间。祖父母可以帮助孙子知道更多关于他们的家庭，感觉他们的家庭历史，祖父母可以帮助孩子们把心归附他们列祖。[3]

祖父母能为孙辈做的一个重要的事情是，与他们分享家庭的故事。通常当家庭聚集在一起，会有人最喜欢讲故事。这是一个很好的可以保持的做法，并使得儿童以及成年人都觉得有趣。分享故事的另一种方法是使用一个小录音机记录每个小故事。或者你可以使用一个笔记本，为你的孙子记下它们。把事情写下来是一种做法，我们一直建议时不时践行。

斯拉总统说："我们呼吁你积极地收集和编写个人和家庭的历史。在很多情况下，你的历史、亲人的记忆、日期和事件。在某些情况下，你是家庭的历史。

---

① 《作为精神指导者的父母和祖父母》，贝蒂·莎伦·克罗伊德，第93页。

② 同上，第92页。

③ 《玛拉基书》（*Malachi*），第4章，第6页。

在一些方面，在你收集和编写历史时，你的遗产会更好地得到保存。"①

写日记——你自己的或一个专门用于连接孙子辈的日记，是一个很好的方法。斯潘塞总统强调保持日记的重要性。他说：

我们个人说什么或做什么，我们可能认为（没）有兴趣或（不）重要，但它是我们家庭的东西——我们传递的、感兴趣的，我们做的和我们说的。任何当代家族系谱和历史记录都显示，人们热烈希望他们的祖先一直更好、更完整地记录。另一方面，一些家庭拥有一些精神宝藏，因为祖先记录周围的事件转换为福音和其他感兴趣的事件，包括许多神奇的祝福和精神体验。人们经常用他们的生活是平静的这个借口，没有人会对他们感兴趣。但我向你保证，如果你保持你的日记和记录，他们确实会是一个来源于你的家庭、你的孩子、你的孙子和其他的人伟大的灵感。②

不要纠结写日记的细节：该写什么，从哪里开始，如何说你想要说的，还是你的写作是否无聊。有时你需要做的就是抓住一个笔记本，开始写作。斯潘塞·W.金博尔总统还说，"你的私人日记应该记录面对困扰你的挑战的行为方式。像其他大多数政府一样，你的日记会揭露旧世界的问题和你如何处理它们。没有什么比你记录生活的故事、战胜逆境、跌倒后爬起、黑暗中重新爬起对你的孩子和孩子的孩子更好的事了。"③

《圣经》的旨意是，理解这个世界的所有人。但是有一个特殊的精神，通过听或读，你个人知道的人的经验唤起。祖父母可以记录经验和见解，他们通过多年的生活和学习，他们的作品可以帮助孙子在以后的岁月里，使他们增长见识和

---

① 《少尉》，艾兹拉·塔夫特·本森，"致教会的年长者们"，1989年11月，第4页。
② 《少尉》，斯潘塞·W.金博尔，"金博尔养育之道"（"Parenting Kimball Speaks Out on Personal Journals"），1980年12月，第60页。
③ 同上，第61页。

洞察力。如果你认为你的日记是指向你的后代，你会发现有许多你已经知道并想传递的重要经验。即使你不在了，鼓励的话语、洞察力、灵感和指导的话也可以写在你的日记里帮助孙辈。

为父母提供支持

如果你是顽皮宝贝的父母，你知道努力使爸爸妈妈愉悦的压力，特别是如果他们不熟悉你的儿子或女儿的强度。重要的是，爷爷奶奶在抚养孩子时尊重父母，理解问题。

作为祖父母，给建议很自然。如果你不理解所涉及的孩子的具体问题，即使好的建议也会不是很有帮助。有时爷爷奶奶可能感到被无视，因为他们的好的建议不被听从。不幸的是，自己的孩子行得通，在孙子身上可能就不行。祖父母抚养孩子的风格很可能与孙子被养育的方式非常不同。

这些陷入困境的父母不需要批评。他们需要你的支持。通常所需要的是一双倾听的耳朵。有人提醒他们，这些困难都是暂时的，生活将继续，它们精练的特点将是巨大的优势。鼓励和希望的话将会更有意义。你能给建议，但只有你了解孩子后。那么你不仅可以是一个出气筒，可以帮助父母找到会让家庭更美好的技术顾问。理解和知会祖父母可以成为一个伟大的支持、舒适和力量的来源。

被告知的祖父母也可以使得拜访更舒适。他们明白家里已有的规则，程序转换、常规的变化会扰乱他们的孙子。他们可以意识到，强烈的脾气触发器和意识到孩子大喊大叫，不是因为他不喜欢他们。告知和理解祖父母可以使他们的访问产生更少的混乱和废去孩子、他的父母的更少心力。

为他们的成年子女，祖父母可以做的另一件事情是分享养育孩子的身体挑战。如果可能的话，照顾几个小时可以给父母一个适当的休息和恢复时间。然而，照顾一个顽皮宝贝通常需要大量的体力和耐力。如果这是超出你能力范围的，还有其他方面的帮助。

成为强大的精神向导

祖父母也是孙辈楷模。细心的孩子，尤其是顽皮宝贝，当与你在一起时，会看你在做什么。"爷爷奶奶……可以通过话语显示给孩子，要如何对待别人。善良和礼貌在家里练习可以帮助教我们的（大）孩子亲切和成熟地处理与其他家庭成员的关系。"①祖父母希望他们的生活和例子来反映出他们想要的为他们的孙辈所模仿的生活。

祖父母也可以是支持和指导顽皮孙子强大的精神源泉。与自己的孩子相比，许多祖父母有更多的时间和精力投入，这很重要。他们可以与他们的孙辈分享见解和精神体验。他们可以帮助回答问题并提供额外的指导。很多祖父母都有精神指导的小方法。承担你孙子的见证。

祖父母的存在（无论是见面还是在电话里，无论通过信件还是通过电子邮件）对孙子很重要。作为隔代养育者，爷爷奶奶能够带来知识和智慧。他们已经经受住生活的许多阶段，并开始了解生命中重要的事情，是什么让生命有意义。这种智慧可以传递给孙子。贝蒂说："如果我们的祖父母能分享一些丰富的经验让他们的子孙见证，这是一个多么美妙的贡献。"②

---

① 《少尉》，罗格朗·R.柯蒂斯（LeGrand R.Curtis），"完美：每天都要进步"（"Perfection: A Daily Process"），1995年7月，第32页。

② 《救世主对年长者的关爱计划》（*The Savior's Program for the Care of the Aged*），沃恩·J.费瑟斯通（Vaughn J. Featherstone）。

第十七章
不变的任务

顽皮的孩子是天才

　　我们想说，读完这本书，养育一个顽皮
宝贝会一帆风顺。不幸的是，事实并非如此。
作为父母，你要帮助孩子意识到他的全部潜
能。这是一个艰巨的任务，但你能做到。

传授真理

1995年大会讲话中，达尔林·H.奥克斯强调，一些知识比其他的更重要。他建议我们应该经常关心教学、强调知识的重要或他所说的"强有力的想法"。其中最重要的强大的思想是永恒的真理。今天的孩子们能理解更强大的思想的观点，在每年被孩子首先学习的项目中的歌曲中是明显的。一些成年人可能已经注意到，孩子们不再唱"老歌金曲"，并且可能从来没有听过与我们一起长大的歌曲。就像所有的知识是不平等的，所有主要的歌曲不相等。而不是错过歌曲的乐趣，董事会已经决定帮助孩子学习强大的思想。通过音乐，儿童内化永恒的真理，可以帮助建立一个强大的精神基础，以此他们能渡过困难时期。

父母的工作是如此重要。在其他领域生活，我们可能会对另外一个人有这么多的影响甚于抚养孩子吗？霍兰留给我们这一图画：

> 兄弟姐妹们，我们的孩子飞行去未来，带着我们的推力和我们的目标。甚至我们焦急地看，箭在飞行中，直到离开我们的手转向其他课程后所有的罪恶。然而，我们鼓起勇气，记住决定箭头的目的地最重要的因素，将是稳定、力量和持有弓的人的坚定的确定性。[①]

训练顽皮宝贝意志坚强的重要任务和设置正确的路径已经给父母了。一旦这些

---

① 《少尉》，杰弗里·R.霍兰编，"为孩子祈祷"，2003年5月，第87页。

顽强的精神确定在一个方向，很少有能够使其远离的。想象他们所能做的在主的手中，然后想象他们也可以成为其他路径。他们的持久性和强度可以指向公义，也可以设置在伤害和邪恶。我们的任务是这样至关重要。谁会认为最重要的任务分配给父母吗？这不是军队的指挥或统治一个国家，但却是为人父母的安静任务。

这个伟大的任务有很大的责任，父母会要求给这些选择精神的管理一个计算。詹姆斯·E.塔尔梅奇说：

虽然孩子年轻，可被正确塑造，他们可能变得适合于为神服务的器皿。这是我一个重要的话题，我相信它会吸引每一个人，记住我们负责这些精神的主来找我们，当我们站在上帝前回答我们所做的行为，获得奖励或将遵循的谴责，我相信其他的问题，这些将给你，这些选择精神在哪里给你？我的儿子和女儿在哪里？然后被送出所有的领导和主控他们的力量和元素？你和他们做了什么？你谨慎地与他们互动，直到他们适合独行，或者你暴露给他们的所有假文明的诱惑？①

享受你的顽皮宝贝

我们想说，读完这本书，养育一个顽皮宝贝会一帆风顺。不幸的是，事实并非如此。养育一个顽皮宝贝可能不容易，一旦你理解和掌控孩子的脾气，很多情况下会更容易。记住你注定是顽皮宝贝的父母。你一定可以抚养他。

通过理解和享受你的顽皮宝贝，你可以放大你作为具有特殊精神的孩子的父母的称号。你不需要害怕强度。你可以享受和指导孩子的毅力。一起工作可以帮助他适应变化。你可以改进意识和对宽容的敏感性。你可以做所有这些，不放弃

---

① 《后期圣徒收藏图书馆，97一般会议》(*LDS Collector's Library '97·General Conference*)，詹姆斯·E.塔尔梅奇编，1895年4月6日。

父母的权威或剥夺你的孩子的控制。这些气质特征可以被塑造成青年战士。斯拉提醒我们，我们正在处理"选择精神已被创建。我相信在这些男孩和女孩的静脉流着这所知世界最好的血液"[①]。顽皮宝贝拥有性格特征，可以提炼成武器和工具。记住，与孩子建立良好的关系需要时间，正如塑造、精练原始特征一样，但它是值得的。现在，你可以享受和你的顽皮宝贝一起相处的过程了。

[①]《收获》(*So Shall Ye Reap*)，艾兹拉·塔夫特·本森编，第27页。